다 크 심 리 학

다 크 심 리 학

DARK
PSYCHOLOGY

다크 사이드 프로젝트

Â
ascending

FOREWORD

세상을 살다 보면 악한 사람들을 종종 만나게 된다. 물론 그들이 세상 모든 사람들을 대변하지는 않는다. 다수가 아닌 소수니까. 하지만 그들과, 그들의 나쁜 방법이 우리에게 미치는 악영향은 훨씬 더 많은 수의 선한 사람들의, 선한 영향력을 압도하는 경우가 점점 더 늘어나고 있다. 이것은 어쩔 수 없는 현실이다. 기술과 통신의 발달로 훨씬 더 많이 연결되고, 노출되며, 만날 수밖에 없기 때문이다. 그래서 착하게 사는 것만으로는 그들이 곳곳에 도사리고 있는 이 세상을 헤쳐나갈 수 없다. 그들의 마음과, 그들이 쓰는 그 나쁜 방법들을 제대로 소상히 이해해야 한다. 이는 단순히 나를 지키기 위해서만이 아니다. 악한 사람들을 제압하는 '나의 기술' 역시 못지않게 강해야 하기 때문이다. 이와 관련된 수많은 연구들과 실제 사례들을 한자리에 모아 놓은 매우 쓸모 있는 매뉴얼이 세상에 나왔다. 읽는 내내 삶의 지혜가 소름 돋게 다가온다.

김경일(인지심리학자, 아주대학교 심리학과 교수)

다크 심리학은 원래 미국에서 건너온 마케팅 용어다. 즉 미국이 원류인 셈이다. 놀랍게도 이 책의 저자들은 그 개념을 한국적 정서에 맞게 재해석해 '오리지널 한국형 다크 심리학'으로 완성했다. 그런데 더 충격적인 건, 《다크 심리학》 출간과 동시에 국내 출판시장에서 1위를 차지했으며, 원류를 뛰어넘어 새로운 성취를 이루었다는 평가를 받고 있다는 점이다. 다크 심리학 열풍은 타인을 해치려는 욕망이 아니라, 우리 주변에 교묘히 사람을 조종하는 자들이 많다는 현실을 꿰뚫어 본 한국 사회의 집단적 직감이다. 이 책은 단지 읽는 것만으로도 조종자들의 얕은수에 넘어가지 않는 힘을 길러준다. 나는 이 책의 출간 취지가 바로 그것이라 믿는다.

손힘찬(오가타 마리토), 《오늘은 이만 좀 쉴게요》 저자

DARK PSYCHOLOGY
WARNING NOTICE

이 책은 조종을 배우기 위한 책이 아닙니다.
이미 조종당하고 있는 이들을 위한 '생존 설명서'입니다.
왜 상대방은 말 한마디로 관계의 주도권을 잡고,
왜 당신은 아무런 이유 없이 죄책감을 느끼는가.

세상의 모든 것은 설계되어 있습니다.
그리고 당신은,
그 설계도 없이 살아가고 있었던 것입니다.

《다크 심리학》은 인간 내면의 어두운 본성,
그 어두운 프로그래밍을 실전 기술로 해부한 책입니다.
이것은 새로운 지식이 아닙니다.
이미 누군가 당신을 향해 쓰고 있는 무기일 뿐.
모르면 무력하고 막막하지만,
눈치채면 방어할 수 있습니다.

지금 그대로 살고 싶다면
이 책을 집어 들지 말 것!
그러나 살아남고 싶다면
가장 먼저 읽어야 할 책!
《다크 심리학》을 만나길 바랍니다.

• 프롤로그 •

최후의 승자는 피를 묻힌 자다

　우리는 어린 시절부터 '착하게 살아야 한다'라고 교육받아 왔다. 아이들이 보는 동화책은 대부분 권선징악(勸善懲惡)의 메시지가 담겨 있기에 '착한 사람은 복을 받고, 악한 사람은 벌을 받는다'라고 믿어왔다. 그러나 점점 자라나면서 의구심을 품게 된다.

　'왜 착하게 사는 사람에게 나쁜 일이 벌어질까?'

당신의 주변을 찬찬히 둘러보라. 아마 착한 사람보다 '착하지 않은' 사람이 더 잘 사는 모습을 쉽게 볼 수 있을 것이다. 착하게 살면 평소 손해 보는 일이 많고, 투자 사기, 다단계, 왕따 등 각종 위험에 빠질 확률도 높다. 아무리 권선징악과 '착(善)한 사람'이 이긴다고 배웠어도 현실 속 착한 사람들의 패배와 고통을 지켜보면서 스스로 모순에 빠지게 된다.

사실 '착한 사람이 이긴다'라는 말은 상처 입은 이들을 위한 잠시의 위로일 뿐, 현실은 언제나 다르다. 아니, 냉정하게 말하면 정반대다. 끝까지 살아남는 사람은 '감수(甘受)한 자'다. 그리고 대개 그 손엔 피가 묻어 있다.

'최후의 승자는 피를 묻힌 자다.'

이 말은 폭력을 미화하는 것이 아니다. 희생, 노력 등 온갖 수고를 '감수한 자'가 끝까지 살아남는다는 냉혹한 진실이다. 어떤 사람은 절대 남에게 상처를 주지 않으려 한다. 정말 멋지고, 인간적이다. 그러나 우리 삶 속 모든 게임이 정당한 규칙대로 돌아가진 않는다. 간혹 상대방이 규칙을 무시할 때 '맞서 싸우는 선택'을 하지 않으면, 나 자신이 무너질 수 있다.

'승자는 모두를 만족시키지 않는다.'

어쩌면 승자 역시 누군가에게 상처를 줬고, 배신했으며, 그들의 눈물을 보지 못한 채 걸어왔을지 모른다. 하지만 그 승자는 알았을 것이다. 모든 사람을 지키려다가는 결국 아무것도 지킬 수 없다는걸. 그리고 스스로 자문했을 것이다.

'내가 더럽혀지더라도 끝까지 끌어안아야 할 것은 무엇일까?'

진짜 강한 사람은 상처 주는 것을 두려워하지 않는다. 오히려 상처를 줄 수 있음을 '자각'하며, 그 힘을 '선택'한다. '언제, 누구에게, 어떻게' 자신에게 남는 이득을 계산하고 냉정한 결단을 내린다.

실제로 이는 심리학적 연구와 여러 실험으로 증명되었다. 이 책의 〈Chapter 1〉에서 설명하는 '다크 트라이어드' 부류, 즉 사이코패스는 충동적이고, 나르시시스트는 자존심에 휘둘리며, 마키아벨리스트는 '언제 행동할 것인가'를 고민한다. 그들은 참고, 기다리며, 손익을 계산한다. 그리고 가장 유리한 타이밍에, 가장 효율적인 방식으로 움직인다. 절대로 감정에 휘둘리지 않고, 최적의 생존 전략을 구사하는데, 이것은 단순한 병리적 특성(Disorder)이 아닌 타고난 성향(Trait)이다.

앞에서 그들의 '특성'이라 말하지 않고, '다크 트라이어드' 부류라고 말한 이유다. 애초 타고났기에 아무도 그들을 '배려하게' 만들 수 없다. 그 누구도 그들을 개과천선(改過遷善)하게 만들 수도 없는 것이다. 즉 사람은 쉽게 바뀌지 않는다. 이건 변하지 않는 진실이다. 그렇기에 우리는 그들의 기술을 이해하고 배워야 한다. 도망치기 위해서가 아니라 자신을 지키기 위해서.

《다크 심리학》에서 말하는 '다크 심리 기술'은 사실 새로운 발상이 아니다. 인류의 역사 속에서 계속 반복되어 온 권력 획득과 유지의 법칙을 현대적으로 재해석해 정리

한 것이다. 가령《손자병법》의 궁극적 가르침은 '싸우지 않고 이기는 길'을 모색하라는 것이다. 이는 싸우지 말라는 의미가 아니라, 냉철한 분석과 기민한 대응을 준비해야 한다는 뜻이다. 실제로 현실 세계에선 싸우지 않고서는 살아남지 못하는 순간이 많지 않은가? 이때 필요한 건 '착함'이 아니다. 의도된 냉정함, 선택된 거리두기, 계산된 침묵이 필요하다.

**'냉정한 판단과 준비한 전략으로 싸워야만
승자가 될 수 있다.'**

무엇이든 '희생'을 감내한 자만이 전장(戰場)에서 살아남을 수 있다. 그것이 세상의 냉혹한 진실이다. 모두를 만족시키는 사람은 없다. 누군가는 배신당하고, 누군가는 잊혀진다. 그리고 끝까지 살아남는 자는, 한때 자신의 '도덕적 선(善)'을 무너뜨린 사람이다. 때로는 이기기 위해 선을 넘을 수도 있어야 한다. 물론 그 선을 넘을 때는 자신이 지켜내려 했던 것이 무엇인지를 스스로 증명해야 한다.

다크 심리학이 우리에게 전하는 궁극적인 메시지는 바로 이것이다.

"모두가 '착하게' 이길 수 없다."

피를 묻힐 각오를 한 자만이 자기 자신은 물론 무언가를 끝까지 지켜낸다. 그게 권력이든, 관계든, 또는 당신 자신이든. 그리고 그 순간 '선한 사람이 이긴다'라는 말은 이기지 못한 사람의 자기 위안으로만 남는다. 혹시 이 책을 읽으면서 어떤 부분은 '비도덕적이고 나쁜 방법이 아닌가?'라고 생각할 수도 있다. 안타깝지만 우리의 '좋음, 싫음'은 전혀 상관없다. 삶 속 게임은 늘 일어나고 있으며, 그 법칙과 기술을 알아야 나를 지킬 수 있다.
이제 당신에게 묻겠다.

'당신은 끝까지 선(善)을 지키고 사라질 것인가?'
'아니면 설령 피를 묻히더라도 살아남을 것인가?'

무조건 정의롭고 싶다는 마음은 자기 내면의 죄책감을

피하고 싶은 '도망'일지 모른다. 그 도망에서 멈추는 순간, 당신은 비로소 진짜 선택을 시작하게 된다. 그리고 그 선택 앞에서 피를 묻힌 자가 마지막에 웃는다. 그 피는 타인의 것일 수도 있고, 자기의 것일 수도 있다(혹은 둘 다이거나). 타인을 뚫고 나아간 동시에, 자신도 무너진다. 그 고통을 감내한 자만이 진짜로 살아남는다.

'최후의 승자는 결국, 감내한 자다.
피를 묻힐 각오를 한 자만이
무언가를 지켜낼 수 있다.'

CONTENTS

FOREWORD 4
WARNING NOTICE 5
프롤로그 최후의 승자는 피를 묻힌 자다 7

Chapter 1. 지금 왜 다크 심리학인가

다크 심리학은 무엇인가? 19
왜 다크 심리학이 필요한가? 27
다크 트라이어드, 어둠의 3요소 32
디지털 시대, 다크 심리학의 가치 63

Chapter 2. 인간을 조종하는 5가지 원칙

관계의 본질 진짜 목적은 숨어있다 73
취약점 찾기 인간은 약점을 숨기지 못한다 83
욕망 읽기 인정 욕구는 누구에게나 있다 92
두려움 심기 공포는 최고의 복종을 이끈다 104
죄책감 활용 죄책감은 심리적 올가미다 114

Chapter 3. 심리를 조작하는 5가지 기술

감정 교란 예측 불가능성을 선택하라 129
반사 투사 거울처럼 그대로 반사하라 139
침투적 커뮤니케이션 질문하지 말고 암시하라 150
조작 정보 확산 나쁜 소식은 천천히 퍼뜨려라 160
대상의 고립화 혼란스럽게 만들어라 170

Chapter 4. 신뢰를 가장한 심리 함정

계산된 조작 애매한 약속은 경계하라 185
피해자 프레임 피해자 행세를 구별하라 193
의도적 방해 의도적으로 실패하는 이유 204
피로감 조장 판단력을 흐리게 만드는 트릭 213
선택지 설계 나의 선택은 정말 '내 것'인가? 222

Chapter 5. 힘을 집중하고 관리하는 법

감정 끊기 인간적 매력은 독이다 231
자기 결단력 힘은 흩어지면 죽는다 239
존재감 관리 필요로 할 때만 나타나라 248
신비 유지 보이지 않는 권력의 힘 257
경계 유지 승리 후가 가장 위험한 순간이다 265

DARK APHORISM
삶의 무기가 되는 다크 심리 기술 273

에필로그 '지혜로운 악'은 삶의 균형을 잡아준다 313

Chapter 1

지금 왜
다크 심리학인가

다크 심리학은 무엇인가?

언젠가부터 '다크 심리학(Dark Psychology)'이란 말이 곳곳에서 들려오기 시작한다. '다크 심리학? 심리학의 한 분야인가?' 싶다가도 '다크'라는 말에 의아해하지만, 결국 호기심에 이끌려 구글이나 유튜브 등을 검색해 찾아본다. 분명 심리학 이야기 같은데 인간관계를 다룬 처세술 같기도 하고, 정확히 그 정체를 모르겠다. '도대체 다크 심리학이 뭘까?' 아마 이 책을 펼쳐본 당신도 비슷한 심정일 것이다.

다크 심리학은 인간 내면의 어두운 부분을 탐구하여 타인의 감정을 조작하거나 설득하는 기술을 융합한 것이다. 특히 가까운 관계의 사람일수록 상대방이 자기 판단력을 잃고 나에게 의존하게 만든다. 이러한 다크 심리학의 원리는 마키아벨리(Niccolo Machiavelli)의 《군주론》이나 고대 중국의 병법서인 《손자병법》에서도 찾을 수 있다.

다음은 이 책들에 나오는 한 대목이다.

'군중에게 사랑받는 것과 두려움을 받는 것 중 하나를 선택해야 한다면, 두려움을 받는 것이 더 안전하다.'

《군주론》

'자신을 낮춰 상대방을 교만하게 하라. 스스로 강한 능력을 지녔지만, 없는 것처럼 보여야 승리한다.'

《손자병법》

두 책에 담긴 권력과 전략, 인간의 본성에 대한 탐구는 시대를 초월하는 보편적인 주제다. 지금 시대에 많은 사람이 다크 심리학에 관심을 갖는 이유 역시 갑자기 불쑥 발생한 것이 아니라 힘과 지혜, 권력과 지식을 통해 자신의 현재 삶을 바꾸고 싶은 인간의 심리가 기저(基底)에 깔려 있기 때문이다. 인간의 내면에는 누구나 어두운 감정, 즉 불안과 두려움, 분노, 외로움, 죄책감, 수치심 등의 감정이 있다.

그런데 이 어두운 감정을 잘 활용하면 자기 삶을 송두리째 바꿀 기회를 얻을 수 있다. 이 책에 담긴 '다크 심리 기술'은 모두 실생활에서 타인을 설득(조종)하고, 갈등을 해결(조작)하는 데 탁월한 방법들을 체계적으로 정리한 것이다. 이를 통해 우리는 사회적 관계에서 만연한 심리적 조작으로부터 벗어날 수 있으며, 오히려 반대로 나에게 유리하게 이끄는 기술을 배울 수 있다.

여기서 중요한 건, 어두운 감정을 건설적인 변화로 전환하는 것이다.

다크 심리 기술로 더 나은 인간관계를 형성해 서로 갈등을 줄인다면, 결국 내 삶을 지금보다 더 풍요롭고 행복하게 만들어 줄 것이다.

다크 심리학의 기원

　다크 심리학은 심리학계에서 정식 개념으로 채택된 바는 없다. 다만 지난 2002년 심리학자 델로이 파울러스(Delroy Paulhus)와 케빈 윌리엄스(Kevin Williams)가 '다크 트라이어드(Dark Triad)'란 용어를 논문에 처음 사용하면서부터 학문적으로 정의되었다. 다크 트라이어드는 인간 심리의 어두운 부분 중에 '마키아벨리즘(Machiawellianism), 사이코패스(Psychopathy), 나르시시즘(Narcissism)'의 세 가지 성향이 모인 집합인데, 모두 '자기중심적 사고를 추구하고, 타인을 이용한다'라는 공통점이 있다.

　이 세 가지 성향을 바탕으로 조작적 행동과 설득 기술에 대한 연구가 시작되었다. 가령 당신도 '사이코패스'란 말을 알 것이다. 이 용어가 널리 알려지기 전부터 사이코패스를 연구해 '사이코패스 전문가'라 불리는 인물이 있다. 바로 캐나다의 범죄심리학자 로버트 헤어(Robert Hare)다. 그는 수백 명의 사이코패스를 인터뷰하며 그 과정을 모두 녹화했다.

　그런데 헤어는 녹화된 영상을 보면서 흥미로운 점을 발

견했다. 사실 그는 처음엔 사이코패스가 하는 말들을 믿었는데, 나중에 인터뷰 영상을 다시 봤을 때야 어느 순간, 어떤 지점에서부터 이상하게 흘러갔는지를 깨달았다. 대부분의 사람은 누군가와 대화할 때 기본적으로 예의와 절차를 지키려는 경향이 강하다. '예의상' 만나는 인간관계도 있으며, 가끔 부당한 일을 겪어도 '예의상' 넘어가는 일도 많다.

즉 상대방이 어떤 전략을 펴든 '예의가 아니다'라는 생각에 반박하지 않거나 그냥 내버려두곤 한다. 그런데 사이코패스는 이 점을 파악하고 활용한다. 특히 상대방과 대화할 때 자기 뜻대로 '조종하는 법'을 기가 막히게 잘 안다. 따라서 사이코패스와 대화할 때 '알고 있다'란 생각은 착각이며, '피할 수 있다'라는 확신조차 이미 간파당했을 수 있다.

그만큼 일반인이 사이코패스를 상대하는 것은 쉽지 않으며 '누가 사이코패스인가'조차 알아차리기 어렵다.

사이코패스는 멀리 있지 않다.
가까운 내 주변에 있거나, 내 안에 숨어있을 수도 있다.

헤어는 자신의 연구 결과를 토대로 '사이코패스 체크리스트(Psychopathy Checklist, PCL-R)'를 만들었는데, 이를 통해 개인의 정신병이나 정신질환의 유무를 판단할 수 있게 되었다. 또한 헤어의 제자인 데일 폴러스(Dell Paulhus)는 인간 심리와 정신병리적 특성을 기준으로 '어두운 성격 모델(Dark Personality Model)'을 만들었다. 그 결과, 지금의 다크 트라이어드가 탄생했다. 이후 '다크 심리학'이라는 명칭으로 대중심리서나 자기계발서가 등장하기 시작했다.

다크 심리학의 가치

여기까지 읽어보니 알겠는가? '다크 심리학'이란 용어 자체가 심리학계에서 정식으로 인정받은 용어가 아니다. 그런데 왜 심리학의 한 갈래로 '다크 심리학'이 대두되는 것일까? 우리의 일상에서 누군가는 자기 이익을 위해 사람을 교묘하게 조종하고, 무의식적인 편향으로 드러난 약점을 파고든다. 심지어 범죄 행위까지 서슴지 않는 이들이 기승을 부리고 있다.

<u>바로 '그들'의 심리와 전략을 완벽히 해부하고, 우리가 어떻게 대응할 수 있는지를 파고드는 '학문 아닌 학문이' 다크 심리학이다.</u>

물론 앞에서 말한 다크 트라이어드에 대한 심리학계의 연구도 진행되어 왔다. 하지만 기존 심리학은 '그들'을 치료나 진단의 대상으로 다룰 뿐이다. 그러나 다크 심리학은 여기서 한발 더 나아간다. 앞에서 밝힌 '교묘한 조종술'과 '어두운 성격 모델' 등의 연구 결과를 '어떻게 활용하는가'라는 관점으로 깊게 파고드는 것이다.

이 책은 국내 최초 다크 심리학에 대한 이론서이자 기술서이다.

또한, 이 책은 '경고서'이자 '매뉴얼'이다.
상대방의 교묘한 기술에 대해 눈을 떠
스스로 방어하는 방법을 배울 뿐 아니라,
원한다면 그 기술을 거꾸로 활용할 수도 있으니까.

이 책에서 다루는 '다크 심리 기술'은 단순한 호기심 충족이나 오락용 지식이 아니다. 누군가가 나를 농락하고,

가스라이팅(Gaslighting)하며, 정신적인 영역까지 침범할 때, 그 검은 손길을 뿌리칠 무기를 마련해주려는 시도다. 대부분의 사람은 '그런 위험과 나는 상관없다'라고 생각하지만, 사이코패스에게는 누구나 잠재적인 먹잇감일 수 있다. '나 정도면 안 속겠지?'라고 자만하는 순간이 가장 위험하다.

그러므로 이 책에 담겨 있는 다크 심리 기술을 활용해 상대방이 치밀하게 짜놓은 덫에 빠지지 말고, 오히려 역으로 그 본질을 꿰뚫어 봄으로써 스스로 '살아남는 법'을 익혀보길 바란다. 이것이야말로 다크 심리학이 지닌 '진짜 가치'다.

왜 다크 심리학이 필요한가?

앞에서 다크 심리학의 기원과 가치에 대해 살펴보았다. 이번에는 다크 심리학의 기초적인 지식을 전달하고, 이를 통해 다소 추상적이고 모호하게 느낄 수 있는 다크 심리학을 쉽고 확실하게 이해하게끔 하겠다. 그러므로써 '왜 지금 다크 심리학이 필요한가'를 인지할 수 있으며, 〈Chapter 2〉부터 본격적으로 소개하는 '다크 심리 기술'을 이해하고 직접 활용하는 데 도움이 될 것이다.

범죄 심리학

　다크 심리학이 학문적으로 정의되기 시작한 것은 비교적 이른 2002년이지만, 그 시초는 1800년대 후반 이탈리아의 범죄심리학자 체사레 롬브로소(Cesare Lombroso)의 연구에서 찾을 수 있다. 그는 '선천적 범죄자 이론[1]'을 주장했는데, 예를 들어 두꺼운 눈썹, 각진 얼굴, 돌출된 턱 등의 특징을 가진 사람은 범죄자일 확률이 높다고 보았다.

　그러나 특정 외모는 보는 사람에 따라 다르게 판단할 수 있고, 과학적으로 입증되지 않았기에 범죄 예측 자료로 삼기에는 부족했다. 다만 범죄 예방을 위해 범죄자의 특성을 체계적으로 분석했다는 데 의의가 있다.

　범죄 심리학은 20세기 들어 법 심리학, 행동 심리학, 신경과학, 사회학 등 다양한 학문과 융합하며 큰 발전을 이루었다. 특히 사람의 행동 패턴과 심리적 요인을 중요하게 여겼는데, 사람이 자라난 환경이나 성장 과정, 정신적 요인

---

[1] 범죄자는 일반인과 다른 신체적 특징을 가지고 있다는 이론으로, 현대 범죄 심리학의 기초가 되었다.

등 다양한 요소를 분석해 범죄 발생 패턴을 예측하고 사전 방지에 활용했다.

대표적으로 1970년대 미국 FBI는 강력범죄의 체계적 기준과 접근법을 정리해 '범죄 분류 매뉴얼'을 만들었다. 이는 지금은 우리에게 익숙해진 프로파일러(Profiler)[2], 프로파일링(Profiling)[3]이란 용어와 연결된다. 한국은 1990년대 후반 무렵부터 프로파일링 기법이 수사 현장에 도입되었는데, 당시 사회에 큰 파장을 일으켰던 사건 해결에 도움이 되었으며, 이를 소재 삼은 영화와 드라마가 만들어지기도 했다.

이후로 범죄 심리학, 사회 심리학 등 관련 분야에 대한 관심을 불러일으켰으며, 이는 지금 이 시대에 '다크 심리학'이 필요한 이유와 일맥상통한다.

범죄는 시대와 사회를 막론하고 발생하며, 범죄가 없는 사회란 현실적으로 불가능하다. 범죄나 사기를 막으려는

---

[2] 범죄 심리학을 기반으로 과학적이고 심층적인 수사를 통해 강력범죄를 해결하는 수사관이다.
[3] 범죄자의 심리적·행동적 특성을 분석하여 범인을 특정하는 기법이다.

법제(法制)나 사회 전반의 노력도 있지만, 스스로 자신을 지킴으로써 약자가 되지 않는 방법도 익혀야 한다. 물론 법은 범죄나 개인의 갈등을 해결하는 가장 좋은 수단이며, 누구나 법을 준수해야 한다. 다만 현실에서 벌어지는 모든 상황을 예비하고 법이 만들어진 것은 아니기에, 자칫 나 자신이 피해자, 또는 가해자로 몰릴 수도 있다.

오죽하면 '법보다 주먹'이라는 말이 생겨났을까? 아마 당신도 일상에서 법에만 의지하고, 스스로 특별한 준비나 대책 없이 살다가 범죄나 사기에 걸리는 피해자를 본 적이 있을 것이다.

'법보다 주먹'이란 말을 달리 해석하면
'힘이 곧 법이다'란 뜻도 된다.

그러니 '나는 내가 지킨다'란 생각으로 일상에 만연한 가스라이팅, 미러링(Mirroring) 등 인간관계의 심리 기술을 배운다면, 타인의 조작에서 벗어나는 것뿐만 아니라 '관계의 중심'에 설 수 있을 것이다. 법은 멀고, 주먹은 가까운 상황에서 주먹을 주먹으로 상대하는 건 '정당방위'다. 마찬가지로 나에 대한 타인의 조작을 미리 간파해 그 행위를 역이용하는 것은 정당하다.

지금 시대에 괜히 다크 심리학이 필요한 것이 아니다. 어느 시대 건 강자와 약자, 가해자와 피해자 등 갑을 관계는 존재했다. 사실 법이나 윤리, 도덕은 꼭 필요하지만, 그 실체가 없는 '무형(無形)의 약속'이기에 현실적 한계가 발생하게 된다. 결국 어떤 문제가 발생했을 때 각자의 양심에 맡기거나 문제의 당사자끼리 해결해야 하는 상황이 벌어진다.

여기서부터는 다시 '힘의 논리'다. 만약 당신이 어려운 상황에 놓였다고 가정하면, 당신은 '강자가 되고 싶은가, 약자가 되고 싶은가?', '조작당하고 싶은가? 역이용하고 싶은가?' 이미 그 답은 정해져 있겠지만, 이 책이 당신의 대답에 더 큰 확신을 줄 것이다.

**불안한 사회에서 '다크 심리 기술'은
나를 지키는 무기이자 상대방을 제압하는 힘이다.**

다크 트라이어드,
어둠의 3요소

인간은 누구나 내면에 '어두운 부분'을 갖고 있다. 다크 심리학은 이 어두운 부분을 탐구해 우리가 일상에서 겪는 다양한 상황과 문제에 휘말리지 않고 극복하는 방법을 알려준다. 이는 단순히 상대방을 조종해 관계에서 우위를 점하려는 기술이 아니다. 다크 심리학을 통해 자기 내면을 살펴보고, 타인의 심리를 이해함으로써 보다 나은 관계를 형성할 수 있다.

사실 우리는 다크 심리학의 원리를 일상에서 쉽게 볼 수 있다. 어쩌면 자신도 모르게 무의식적으로 사용하고(당하고) 있을지도 모른다. 자신의 이익을 위해 거짓말을 하거나, 급박한 상황을 조성해 상대방이 나를 믿게 하는 것은 물론 '가스라이팅', '사이코패스' 등 영화나 뉴스에서 보던 것들도 모두 다크 심리학의 원리에 속한다.

이번에는 다크 심리학의 핵심 개념인 '다크 트라이어드'를 소개하겠다. 어둠의 3요소, 즉 마키아벨리즘, 사이코패스, 나르시시즘, 이 세 가지 성향은 '악(惡)하다'라는 공통점이 있지만, 각각의 특징과 차이점이 있다. 이를 제대로 앎으로써 다크 심리학을 이해하고, 현명하게 활용하는(또는 방어하는) 방법을 알 수 있을 것이다.

마키아벨리즘

마키아벨리즘(Machiavellism)은 목적을 이루기 위하여 수단을 가리지 않는 성향을 뜻한다. 마키아벨리즘 성향의 사람은 자신의 욕구 충족을 최우선으로 생각하는데, 자기 이익을 위해 상황을 조작하거나 사실을 왜곡하기도 한다. 마키아벨리스트(Machiavellist)[4]는 타인의 감정을 조종하고 이용하는데 매우 능숙하며, 공감력도 부족해서 타인의 감정을 무시한다.

이들에게 타인과의 관계는 목표 달성을 위한 '수단'일 뿐이다. 정서적으로도 냉담한 편이라 당연히 다른 사람들의 고통에는 아무 관심이 없다. 가령 이들은 다른 사람과 관계를 맺을 때 겉모습은 매력적이고 친절해 보여도 속마음은 '이 사람에게 접근하면 어떤 이익이 생길까?', '내가 원하는 걸 얻으려면 어떤 말이 효과적일까?'를 먼저 생각한다.

게다가 도덕성과 윤리의식이 결여되어 있어서 법적·심리적 압박을 이용해 상대방을 무력하게 만드는 전략을 사용할 가능성이 높다. 심할 경우, 가스라이팅으로 상대방을 자신의 노예로 만들어 조종하고 통제함으로써 정신적·사회적 피해를 초래한다.

마키아벨리즘 성향이 강한 사람들은 사회적으로 성공할 가능성이 높다.

---

[4] 권력과 통제에 대한 욕망이 강한 자들로, 목적 달성을 위해 모든 수단을 동원한다.

마키아벨리즘이 강할수록 자신의 권력 유지와 목표 달성에 필요한 모든 수단은 정당화할 수 있다고 믿는다. 가령 이들은 회사나 조직에서 성공하기 위해 타인을 이용하는데, 자신의 승진을 위해 동료의 성과를 가로채거나 서로 간의 불건전한 경쟁을 조장한다. 부하직원들은 이들의 권력(영향력) 행사와 조작적 성향에 의해 심한 스트레스를 받는다. 그런데도 겉보기에는 매우 유능한 사람처럼 보이기에, 회사는 이들을 전적으로 믿고 신뢰하게 된다.

이러한 마키아벨리스트의 대표적인 예로 미국의 전 대통령 리처드 닉슨(Richard Nixon)이 있다. 닉슨은 지금까지도 미국 역사에서 논쟁의 대상으로 거론되는 인물이다. 그는 초강대국 간의 경쟁이 치열했던 냉전 시대에 미·중 관계 정상화는 물론 소련(현 러시아)과의 긴장 완화, 베트남에서의 미군 철수 등 뛰어난 외교적 성취를 이뤄냈다.

그러나 이런 긍정적인 업적과 상반되게, 그는 워터게이트(Watergate) 사건에서 자신의 권력 유지를 위해 조작과 은폐를 시도하여 미국 역사상 최초로 대통령직에서 물러났다. 그 외에 자신의 정치적 적대자 명단 작성, 대통령 집무실 녹음 장치 설치 등 민주주의의 핵심 가치를 훼손하여

'권력 남용과 부패'의 대표적 인물로 낙인찍히게 되었다.

마키아벨리스트는 단기적으로 성공할 순 있지만, 장기적으론 신뢰받지 못하고 인간관계가 무너질 위험이 크다.

마키아벨리즘의 유래

마키아벨리즘은 16세기 이탈리아의 사상가 마키아벨리가 저술한 《군주론》에서 유래된 개념으로, 권력을 유지하기(목적) 위한 조작이나 거짓말, 속임수(수단) 등은 정당하다는 의미다. 이런 점에서 비인도적이라는 비판도 있지만, 당시 이탈리아반도의 여러 도시 국가가 치열하게 경쟁하던 혼란스러운 상황에서 '강력한 군주제 확립과 국가의 안정 도모'를 위한 현실적인 전략이라고 볼 수 있다.

'군주는 자신을 따르는 사람들이 충성하도록 만들기 위해 잔인해질 필요가 있다.'

《군주론》

마키아벨리는 무자비하고 잔인하더라도 혼란을 잠재울 수 있는 군주가 필요하다고 여겼으며, 국가의 질서와 국민의 행복을 위해서는 때론 부도덕한 인물이 군주가 될 수 있다고 여겼다. 이렇게 자신이 이상적으로 생각한 군주를 위해 저술한 책이 바로 《군주론》이다. 그는 힘과 권력의 이용, 악덕 행위, 거짓말과 배신 등이 정당화될 수 있다고 주장했다.

마키아벨리가 《군주론》에서 높게 평가한 인물로 체사레 보르자(Cesare Borgia)가 있다. 그는 뛰어난 전략과 정치력으로 당시 이탈리아반도에서 막강한 위세를 떨쳤다. 그런데 마키아벨리가 그를 호의적으로 생각한 이유는 이탈리아반도의 통일을 꿈꾸던 자 중 오직 체사레만이 실제로 계획하고 행동했기 때문이다. 특히 마키아벨리를 매료시킨 것은 체사레의 '심리전'이었다. 그는 전장은 단순한 병력 싸움이 아닌 '인간의 심리'라는 사실을 알고 있었다.

한가지 일화로, 체사레가 점령한 어느 지역에 적대 세력이 암약하여 백성들의 불안과 불만이 뒤섞여 혼란이 심했다. 만약 체사레가 군대를 통해 무자비하게 처벌한다면, 그는 '폭군'으로 낙인찍혀 심한 저항에 직면했을 것이다. 이에 체사레는 동맹을 가장하여 새로운 총독을 파견했는데, 이 총독은 백성들에게 법령을 적용해 무법자들을 처단했다.

처음에는 질서가 잡히는 듯했으나 점점 가혹한 법령이 이어져 민심이 폭발하기 직전이었다. 그러자 체사레는 마치 백성의 편인 척 공개적으로 나서서 이 총독을 심판했다. 그러자 백성들은 "체사레가 우리를 구해 줬다"라고 환호했지만, 총독 역시 체사레의 지시에 따랐을 뿐이었다. 이렇게 체사레는 자기가 직접 나서지 않고서 공포를 조장한 후 '민심을 돌본 척'하면서 '정당한 구원자'로 자리매김했다. 게다가 그의 적대 세력도 모두 뿌리 뽑혔다.

이런 과정을 지켜본 마키아벨리는 다음과 같이 말했다.

'군주는 때론 선(善)에서 벗어날 줄 알아야 하며, 필요할 때 악(惡)을 행할 수 있어야 한다.'

《군주론》

이것이 《군주론》을 관통하는 핵심 메시지다. 마키아벨리는 무자비하고 잔인하더라도 혼란을 잠재울 수 있는 군주가 필요하다고 여겼으며, 국가의 질서와 국민의 행복을 위해 때로는 부도덕한 인물도 군주가 될 수 있다고 여겼다. 그는 힘과 권력의 이용, 악덕 행위, 거짓말과 배신 등이 정당화될 수 있다고 주장했다.

권력의 본질 : 군주론

사실 마키아벨리가 《군주론》을 통해 말하는 것은 과거 정치철학에 그치는 것이 아닌, 현재 우리가 살아가면서 겪게 되는 일들과도 대부분 일치한다. 그런데도 왜 《군주론》에 대한 논쟁이 끊임없이 일어날까? 바로 마키아벨리의 주장을 '악(惡)'으로 보는 면이 있어서다. 그러나 이는 오해일 뿐, 마키아벨리는 세상에서 변하지 않는 인간 행동의 본질을 냉정히 직시했을 뿐이다.

앞서 말한 체사레의 전략은 다소 극단적인 사례로 보이지만, 이러한 패턴은 언제 어디서든 되풀이될 수 있다. 즉 자신의 기득권을 위협하는 여지를 잘라내고, 공포 조장과 구원의 역할을 동시에 연기하는 자를 우리 일상 곳곳에서 찾을 수 있다.

대체로 사람들은 '선(善)'을 추구한다고 말하지만, 실제 권력의 세계에서 선(순진함)은 약점이 된다. 그렇기에 도덕이나 윤리적 의무, 또는 종교적 교리에 따라 '절대 선'을 고수한다면 기회를 노리는 자들에게 희생양이 될 수 있다. 이는 사랑도 마찬가지다. 사람들은 사랑을 믿지만, 그 사랑은 조건적이기에 금방 식어 버린다.

그러나 '두려움'은 처벌의 공포에 묶여 있기에 좀처럼 사라지지 않는다. 즉 인간의 감정은 계속 변하기 때문에 두려움으로 통제함으로써 절대적 권력을 유지할 수 있다.

'사랑받기보다 두려운 대상이 되는 것이 훨씬 더 안전하다. 두려움과 존경은 한 몸에서 나온다.'

《군주론》

진정한 힘을 갖춘 자들은 '사랑을 구걸'하기보다 '두려움을 조성'함으로써 누구도 배신할 수 없는 환경을 만들어 왔다. 이는 사람들에게 폭력을 행사하라는 말이 아니라, 사람이 얼마나 쉽게 공포와 혼란에 휩쓸리는 존재인지를 알아야 한다는 뜻이다. 공포와 유언비어, 분열을 조장하는 전략이 가장 손쉽게 작동하는 것도 이 때문이다.

그런데 이러한 원리는 군주가 칼을 들고 위협하던 중세나, 정치인이 미디어를 통제하며 불안을 퍼뜨리는 현시대나 크게 다르지 않다. 지금까지 세상은 권모술수(權謀術數)와 임기응변(臨機應變)에 능한 사람들에 의해 움직여왔기 때문이다.

마키아벨리는 바로 그 진실을 적나라하게 드러냈을 뿐, 악을 조장한 것이 아니다. 오히려 그는 권력자들이 어떻게 도덕과 윤리를 무너뜨리고, 군중의 심리를 조종하는지를 낱낱이 파헤쳤다. 즉 '선함'이 늘 옳은 결과를 만들어내지 않는 세상에서 권력이 어떻게 작동하는지를 가식 없이 보여 주었다.

권력의 본질을 깨닫지 못하면, 결국 남이 만든 '두려움의 틀'에 갇혀 스스로 복종을 택하게 된다.

앞으로도 '권력의 게임'은 멈추지 않을 것이기에 '다크 심리학적 통찰'을 통해 권력의 작동 방식을 알아채고, 냉철하게 현실을 직시해 선택지를 늘리는 것이 필요하다. 자신의 위치를 자각하고 '두려움'이나 '사랑'을 무기로 사용하는 자들이 어떻게 세상을 움직이는지 살펴본다면, 그들의 기만과 공포에 무방비로 당하지는 않을 것이다. 이를 유념하여 '다크 심리 기술'을 익힌다면, 적어도 누군가가 나를 조종하려 할 때 경계할 수 있을 것이다.

사이코패스

사이코패스(Psychopath)는 생활 전반에 걸쳐 타인의 권리를 침해하거나 무시하는 성격적 장애를 지닌 사람을 말한다. 이들은 자신의 감정과 고통에는 민감하지만, 타인에 대한 감정 이해와 공감력이 없어서 죄책감이나 양심의 가책을 느끼지 못한다. 그래서 죄를 짓고도 자기 잘못을 인지하지 못하며, 즉각적인 충동을 제어하지 못해 폭력적인 행동을 벌이기도 한다.

사이코패스에게 악행은 자기 욕구를 충족하기 위한 수단에 불과하다. 거짓말과 속임수, 협박, 가스라이팅 등에 능한 이들은 온갖 수법을 동원해 상대방이 가진 것을 빼앗는다. 다소 극단적인 사례지만, 사이코패스 연쇄살인범은 타인의 고통과 아픔을 느끼지 못하기 때문에 피해자를 잔인하게 살해할 때 그들이 고통스러워하는 모습을 보며 쾌감을 얻는다고 한다.

이들은 이런 능력을 자기 스스로 전지전능함이라고 여기는데 이를 입증하기 위해 타인을 속이기도 한다. 그런데 문제는, 이들의 사이코패스 정신병질은 평소 내부에 잠재된 데다가, 오히려 외부적으론 매력적이고 설득력 있어 보이기에 주변 사람들은 사이코패스의 범행을 알아차리지 못한다.

사이코패스는 사람을 사로잡는 뛰어난 언변(言辯)과 매력으로 타인을 속이는 능력이 탁월하다.

당신의 주변에 사이코패스가 존재하는지 알 순 없지만, 당신 역시 충분히 속을 수 있거나, 어쩌면 이미 속임 당한 사실을 모르고 있을 가능성도 있다. 게다가 당신이 순진하고(착하고) 무지한 상태라면, 이들은 당신을 더 조작하고 이용할 수 있다.

그런데 앞서 '성격적 장애', '정신병질'이라고 밝힌 것처럼 사이코패스는 유전적 요인, 특히 뇌 구조의 이상과 관련이 깊다. 이들은 선천적으로 뇌에 결함이 있어서 감정 처리나 윤리적 판단에 매우 미숙하다. 심리학계에서는 오래전부터 사이코패스에 대한 연구를 진행했는데, 그 결과 놀라운 사실을 발견했다.

모든 사이코패스가 범죄나 살인처럼 문제를 일으키는 것은 아니며, 일상에서 성공적인 삶을 살아가기도 한다.

어떻게 이런 모순된 특성이 나타날 수 있을까? 많은 사람들에게 사이코패스는 잔인한 범죄자나 잠재적 가해자로 여겨지고 있지만, 이는 단순히 성격 문제가 아닌 심리학·의학적으로 '반사회적 성격장애(Antisocial Personality Disorder)'로 인정되었다. 실제 사이코패스의 전체 비율을 따졌을 때 범죄를 저지르지 않고 평범하게 사는 경우가 더 많았다.

<u>사이코패스가 문제가 되는 지점은, 그 특성이 일상에서 남에게 해를 끼치기 시작할 때다.</u> 그전까지는 오히려 그 특

성이 기회가 될 수도 있다.

사이코패스의 극과 극

다시 정리하면, 사이코패스의 주요 특성은 감정 결핍(죄책감 결여), 조작적 성향(거짓말과 속임수), 사회적 위장(이중생활) 등이다. 그런데 현실에서는 정상인으로 살아가는 (또는 범죄자가 아닌 척 살아가는) '은밀한 사이코패스'도 존재한다. 인간 내면의 그림자가 완전히 사라지지 않듯이, 누구나 내면의 어딘가에 사이코패스적 특성이 있는 것이다.

다음 두 사람의 이야기를 통해 사이코패스의 2가지 유형을 설명하겠다.

1970년대 미국에 테드 번디(Ted Bundy)라는 사람이 있었다. 그는 법대 출신에 정계에도 손을 뻗었는데 번듯한 외모에 단정한 옷차림, 게다가 화려한 말솜씨로 주변 사람들을 매혹시켰다. 하지만 실제 그의 모습은 잔인한 연쇄살인마로 30명 이상의 여성을 성폭행하고 살해했다. 심지어 시신을 훼손하는 등 상상을 초월하는 범행을 저질러도 아무 죄책감을 느끼지 못했다.

게다가 재판 진행 과정에서도 감정을 드러내지 않고 자신의 무죄를 주장했다. 여유롭게 자신의 변론을 펼쳤는데, 그를 지지하는 자들이 환호하는 기현상마저 벌어졌다.

그러나 모든 사이코패스가 극악무도하지는 않다. 미국의 뇌과학자이자 《괴물의 심연》을 쓴 제임스 펠런(James Fallon)이 있다. 그는 오랫동안 범죄자들의 뇌를 연구하며 공통으로 나타나는 패턴을 찾아냈다. 그러던 어느 날, 전형적인 '사이코패스 뇌 사진'을 찾았는데 다름 아닌 자신의 것이었다. 자기 뇌가 살인범과 동일하다는 사실을 알게 된 것이다.

당연히 펠런은 범죄자가 아니었고, 전과기록도 없는 평범한 사람이었다. 한 번은 강연에서 자신의 뇌 사진을 실물 예시로 제시해야 했다. 강연 후 정신과 의사들이 그를 불러 이렇게 말했다.

"당신은 '경계선 사이코패스(Borderline Psychopath)'에 가깝습니다."

펠런은 본격적으로 내면의 사이코패스를 탐색하기 시작했고, 자신의 감정이 남들과 다르다는 사실을 인정했다.

가령 정상적인 사람은 화가 날 때 부글부글 끓다가 폭발하고 곧 식지만, 펠런의 분노는 마치 장작불처럼 오랜 시간 지속되었다. 즉 겉으로는 분노를 조금도 내색하지 않다가 '때가 오면' 정확하게 휘두르는 것이다. 물론 그는 '화나지 않으며, 스스로 관대한 편'이라 말했지만, 이는 완벽한 사이코패스적 특징이다.

사이코패스적 뇌 구조와 유전자가 있다고 해서 필연적으로 범죄자가 되는 것은 아니다.

두 사람의 이야기에서 알 수 있는 건, 똑같은 사이코패스 성향이어도 '어떤 환경'과 '어떤 선택'에 따라 연쇄살인범이 될 수도 있고, 평범한 일반인이 될 수도 있다는 것이다. 즉 문제는 선천적인 뇌 구조 자체가 아니며, 공감력이 없다고 모두 악을 저지르지 않는다. 테드 번디는 사이코패스 성향을 폭주시켜 잔혹한 살인마가 되었지만, 제임스 펠런은 안정적 환경을 기반으로 범죄자가 되지 않은 것처럼 말이다.

두 사람 다 공감이 결여되고, 상대방을 조종하는 데 능숙해도 그 능력을 '어디에 쏟느냐'가 운명을 가른다. 인간의 본성은 쉽게 바뀌지 않지만, 행동은 조금씩 고칠 수 있다. 설령 타인에 대한 공감력이 없어도 해를 끼치지 않기 위해 '배려하는 모습'을 보여줄 수 있다.

성공한 사이코패스 사례

 심리학적 관점에서 '성공한 사이코패스(Successful Psychopath)'라 불리는 부류가 있다. 이들은 높은 지능과 사회적 위장 능력, 철저한 감정 통제로 정치·경제·문화·예술 등 사회의 다양한 영역에서 높은 자리에 오를 수 있었다. 이들은 일반적인 사이코패스와 달리 폭력적이거나 범죄적인 행동을 벌이지 않으며, 법망을 피하고 사회적 용인이 가능한 선에서 사회나 조직의 규칙을 무시하고, 자신의 이익을 위해 다른 사람을 이용하고 조종한다.

 성공한 사이코패스의 대표적인 인물로 제프리 스킬링(Jeffrey Skilling)이 있다. 하버드 MBA 출신으로 미국의 에너지기업 엔론의 CEO였던 그는, 조직 내 강한 경쟁과 이기

주의, '성과 중심' 문화를 조장하며 직원들을 압박했다. 물론 높은 성과를 내기도 했으나 직원들은 심한 스트레스를 받았고, 비윤리적인 행동마저 촉발시켰다. 복잡한 파생 상품과 재무 구조를 통해 회사의 재무 상태를 조작하고, 이익을 과장한 것이다.

과거에 비해 변화가 많은 지금 사회에서 사이코패스형 리더의 실행력이나 추진력, 일관된 모습은 강점이 될 수 있다. 그러나 타인의 고통을 공감하지 못하고, 강한 자기 중심적인 모습은 전체 조직의 분위기를 침체시키는 리스크가 있다.

"사이코패스는 우리의 '어두운 거울'이다. 우리는 그들을 보며 스스로 억눌린 욕망을 발견한다."

영국의 심리학자 케빈 더튼(Kevin Dutton)이 한 말이다. 그는 사이코패스에 대해 감정의 브레이크 없이 결정할 수 있는 능력자로, 차가운 공감[5]을 통해 상대방을 조종한다고

---

5 상대방의 감정을 논리적으로 파악해 어떻게 조종할지 계산하는 능력이다.

밝혔다. 그러면서 우리 사회가 점점 사이코패스 성향이 강해지고 있으니 각자 내면의 사이코패스 성향을 조금은 받아들일 필요가 있다고 주장했다.

다시 말해 사이코패스 특성을 무기로 삼아 역으로 이용할 수 있다는 것이다. 왜냐하면, 사이코패스는 대부분 단호하고, 자신감 있으며, 실패에서 빠르게 회복한다. 자신이 원하는 것을 얻기 위해 망설이지 않기 때문이다.

지난 2012년, 케빈 더튼이 영국에서 실시한 조사에 따르면, 사이코패스가 많은 직업 'TOP 10'은 다음과 같다.

> 1위: 최고 경영자(CEO), 2위: 변호사, 3위: 미디어계(연예인),
> 4위: 영업사원, 5위: 외과의사, 6위: 기자, 7위: 경찰관,
> 8위: 성직자, 9위: 요리사, 10위: 공무원

위 결과처럼 실제로 많은 사이코패스가 다양한 영역에서 '성공자'로 대접받으면서 조용히 권력을 쥐고, 타인을 조종하거나 착취하는 등 영향력을 발휘하고 있다. 사이코패스는 '극과 극'을 포섭한 인물이다. 선량한 성직자로 자

기 생애를 바칠 수도 있으며, 잔인한 연쇄 살인범이 될 수도 있다.

세상에는 '정상인의 껍데기'를 쓰고 위험한 행동을 하는 사이코패스가 있고, 반대로 냉혹한 기질을 활용해 오히려 '사회적 선(善)'을 이루는 사이코패스도 있다. 물론 유년기 학대나 낮은 지능, 폭력 환경 등 악조건이 겹치면, 똑같은 기질을 지녔더라도 살인, 사기 등 범죄로 치달을 수도 있다.

그만큼 사이코패스 성향은 양날의 검과 같다. 예컨대 우리는 종종 어떤 일을 실행할 때 불확실성 때문에 멈추거나 깊은 고민에 빠져 허덕일 때가 있다. 이때 사이코패스적 특성인 '차가운 모습'으로 상황을 압도하거나 상대방을 압박해 목적을 달성할 수도 있다. 하지만 그 특성이 타인을 해치는 순간부터 '지혜'가 아닌 '파괴의 시작'이 되는 것이다.

나르시시즘

나르시시즘(Narcissism)은 지나친 자기애(自己愛)와 자기중심성(Egocentrism)에 빠져 자기 자신에 대한 애착이 높은 현상이다. 나르시시즘 성향의 사람은 자신이 남들보다 우월하다고 믿는데, 스스로 '특별하다'란 생각에 다른 사람의 칭찬과 인정을 끊임없이 요구한다. 나르시시스트[6]는 처음엔 자신감 넘치는 모습으로 많은 사람을 끌어당기지만, 타인의 감정보다 자신의 욕구를 우선시하기에 결국 '피곤한 관계'를 만들기도 한다.

이들은 '조용한 파괴자'로도 불리는 데 관계 유지를 위해 타인을 심리적으로 통제하거나 피해자 행세를 하며 가스라이팅을 한다. 가스라이팅은 나르시시스트가 가장 많이 사용하는 심리적 조종 기술이다. 상대방의 작은 실수를 크게 과장하고 왜곡하여 스스로 의심하게 만드는 데 "네가 틀렸어, 모두 네 잘못이야, 너는 항상 문제야"라는 식의 말을 반복한다.

이런 상황에 계속 노출되면, 상대방은 자신도 모르게 자신감과 판단력을 잃고선 '내가 이상한가?, 너무 예민한

---

[6] 나르시시즘에 빠져 특권 의식을 보이는 사람으로, 극단적이면 자기애성 성격장애(NPD)로 진단될 수 있다.

가?'라는 혼란에 빠진다. 이때 나르시시스트는 상대방의 감정을 무시하면서 마침내 자신에게 종속되도록 만든다. 자기 영향력에서 벗어나는 것을 용납하지 않는 이들은, 상대방이 연락을 끊으면 "너 없인 안 돼, 내가 바뀔게, 진짜 마지막이야" 등의 말로 회유하며 감정적 압박을 가한다.

**나르시시스트에게 타인은
자신의 욕구 충족을 위한 '도구'일 뿐이다.**

심지어 나르시시스트는 사랑하는 사람들조차 자신을 빛내주는 장식품에 불과하다고 여긴다. 가족, 연인, 친구 등 가까운 관계의 사람들이 오직 '자기 삶의 무대'에서 움직이길 원할 뿐, 그 사람이 독립적인 주체로 성장하거나 다른 인간관계로 확장해 가는 것을 철저하게 차단한다. 모든 주목과 관심을 자기에게 집중시키고 싶어서 상대방을 고립시키는 것이다.

건강한 자기애 vs 과도한 자기애

나르시시즘은 고대 그리스 신화인 '나르키소스(Narcissus)'에서 유래되었다. 뛰어난 미소년이었던 나르키소스는 오직 자신만을 사랑했는데 연못에 비친 자기 얼굴에 반해 빠져들어 죽음을 맞이했다. 나르키소스의 이야기에서 '자기애'라는 개념이 생겼고, 이후 심리학에서는 지나친 자기애를 가진 성격적 성향을 일컬어 나르시시즘이라고 부르기 시작했다.

나르시시즘 개념이 심리학 이론으로 발전하게 된 계기는 정신분석의 창시자 프로이트(Sigmund Freud)의 〈나르시시즘 서론〉을 통해서다. 프로이트는 나르시시즘을 인격장애로 보았으며, 이를 정신분석학적 개념으로 확립했다. 쉽게 풀어 설명하면, 사람의 내면에는 모두 자신을 사랑하고 싶은 마음이 있는데 '건강한 자기애'는 삶에 활력을 줌과 동시에 자신감을 불어넣지만, '과도한 자기애'는 문제를 일으킨다.

실제로 일상에서 '나는 이 일을 잘 해낼 수 있어, 나는 소중한 사람이야, 나 자신을 믿어'처럼 건강한 자기애를 가진 사람은 스스로 삶에 도전 의식을 부여할 뿐 아니라,

'할 수 있다'라는 자신감을 통해 자기 목적을 달성한다. 반면 과도한 자기애를 가진 사람은 겉으로는 자신감이 넘쳐 보여도 그 내면은 불안으로 가득 차 있다. 자신이 더 뛰어나다는 착각에 상대방이 조금만 지적해도 크게 화를 내는 등 과민 반응을 보인다.

**'건강한 자기애'는 자존감의 핵심이지만,
'과도한 자기애'는 불안을 감추는 가면과 같다.**

나르시시스트는 단순히 이기적인 사람이 아니다. 이들은 외면적으로는 자신감 넘치고 특별해 보이지만, 내면 깊은 곳에 불안과 인정 욕구를 숨긴 채 살아간다. 나르시시즘이 생기는 여러 가지 이유가 있는데, 가령 어린 시절 너무 많은 칭찬을 받았거나, 반대로 사랑을 받아본 적이 없어 인정받고 싶은 마음이 자라나기도 한다.

대부분의 나르시시스트는 반복적인 무시와 비판을 당한 적이 많고, 자신의 참모습을 받아들여 본 경험이 부족해서 '허상'을 품고 살아간다. 즉 스스로 자신의 가치에 대한 확신이 없기에 그 확신을 얻고자 타인의 인정과 칭찬에 집착하는 것이다. 나르시시스트와의 관계는 심리적 피로감은 물론 자존감 하락, 우울증으로 이어질 수 있다.

<u>따라서 이들과 관계를 맺어야 한다면, 그 이면을 이해하되 '건강한 경계'를 세워 적절한 거리두기를 하는 것이 필요하다. 가장 중요한 건 자기 자신을 지키는 것이다.</u>

나르시시스트의 인간관계

나르시시스트는 연애, 가족, 직장 등 다양한 관계에서 문제를 일으킬 소지가 있다. 그러면 나르시시스트가 겪는 인간관계는 어떤 모습일까? 이들은 자신을 중심으로 세상이 돌아가야만 직성이 풀린다. 그런데 지금 시대는 성공, 인기, 외모 등 남들에게 보이는 모습을 중요하게 생각하는 경향에 의해 타인에게 인정받기 위한 치열한 경쟁이 벌어진다. 게다가 SNS의 '좋아요'나 '팔로워' 수에 민감한 문화가 나르시시즘을 자극하기도 한다.

이런 환경에서 나르시시스트는 자신이 주목받지 못하는 상황을 견디지 못한다. 물론 '건강한 자기애'를 통해 자기 삶을 개척하거나 탁월한 능력으로 정상에 서는 이들도 있다. 그러나 그럴만한 능력이 없는 나르시시스트도 마치 '진짜 능력이 있는 사람'인 듯 연기할 수 있다. 문제는 이들이 말하는 능력이 허세임에도 불구하고, 많은 사람이 속임 당한다는 것이다. 특히 젊고 순진한 여성과 내면에 상처받은 사람일수록 쉽게 속아 넘어간다.

나르시시스트는 공감력이 결여되어 있지만, 공감을 통해 얻게 되는 이익은 잘 알고 있다.

이들은 자신에게 이득만 된다면 누구보다 더 공감력이 뛰어난 사람처럼 연기한다. 감정에 호소할 때 상대방의 마음이 약해지는 것을 알고 있어서 감정을 표현하는 말, 슬픈 표정, 눈물 한 방울까지도 상대방을 조종하고 통제하는 수단으로 사용한다. 누군가를 유혹하기 위해 사랑을 주는 러브 바밍(Love Bombing)[7]도, 헤어진 상대방을 다시 돌아오

---

[7] 과도한 관심과 애정으로 상대방을 압도하여 판단력을 마비시키고, 강렬한 감정적 의존을 만드는 것이다.

게 하는 후버링(Hoovering)[8]도 나르시시스트의 전략이자 연기에 불과하다.

나르시시스트는 외면적으로도 그럴듯해 보이고, 상대방이 무엇을 원하는지 잘 알고 있다. 결국 이들의 '가짜 공감'은 자신의 목적 달성을 위해 모두 치밀하게 계획한 것이다.

나르시시스트가 흘리는 눈물은 '악어의 눈물'과 같다. 그러니 이들의 '연기'에 속지 않도록 조심해야 한다.

나르시시즘을 권하는 시대

나르시시즘은 인간 본연의 심리다. 우리의 내면에는 기본적으로 자기애적 성향이 있으며, 이를 좋은 방향으로 성장시키는 것은 각자의 선택이자 몫이다. 어느 연구 결과에

---

[8] 상대방이 자신을 떠나려고 할 때 다시 끌어들이기 위해 감정적으로 조작하거나 미끼를 던지는 전략이다.

따르면, 정말 심각한 '자기애성 성격장애'를 가진 사람은 1%에 불과하며, 나머지는 정상적인 범위 내의 성격이라고 한다. 따라서 나르시시즘의 장점을 취하고, 단점은 경계하며, 스스로 통제하는 기술을 익혀야 한다.

자기 내면의 나르시시즘이건, 외부에 존재하는 나르시스트이건 늘 촉각을 곤두세워 살펴봐야 한다.

〈타임(Time)〉지의 기자이자 작가인 제프리 클루거(Jeffrey Kluger)는 자신의 저서 《옆집의 나르시시스트》에서 다음과 같이 밝혔다.

『나르시시즘은 도수가 높은 술처럼 어울리는 장소와 목적이 있다. 우리를 긴장시키고, 용기를 북돋우며, 놀라울 정도로 원시적인 기쁨을 준다. 그러나 지나치게 탐닉하면 후회감이 몰려오고, 몸이 쑤시는 데다 '적당히 자제했으면 좋았을 텐데'라는 마음이 들기 마련이다.』

여기에서 핵심 역시 '자제(통제력)'이다. 제프리는 우리의 일상과 일터에서, 나아가 정계·경제계·연예계 등 다양한 영역에서 활동하는 나르시시스트들을 만나 '어떻게 자라나고 성장했는지' 분석했다. 그러곤 "나르시시즘을 정신병리의 측면에서만 볼 것이 아닌, 현대 사회의 특성으로 받아들여야 한다"라고 주장했다.

한편으로는 그의 주장이 일리가 있는 게, 지금 시대는 한국을 비롯한 전 세계가 점점 '나'만 사랑할 뿐, 서로 이해해 주지 않는 세상으로 변하고 있다. 실제로 SNS에서 소통할 때 아무도 상대방에 대한 관심 보단 '난 잘 살아, 난 너무 멋져, 나만 바라봐'라는 자기애적 메시지가 넘치지 않은가.

이렇듯 '자신을 중심으로 세상을 바라보는 심리'나 'SNS의 숫자로 사회적 인정과 자아를 확인하는 모습'은 나르시시즘의 특징이다. 지금과 같은 디지털 세상은 나르시시즘의 함정에 더욱 깊게 빠질 수 있는 환경인 것이다. 이는 곧 '디지털 시대, 다크 심리학의 역할'과 연관되어 있다. (이 부분은 〈디지털 시대, 다크 심리학의 가치〉에서 깊게 설명하겠다.)

디지털 시대에는 이용자가 콘텐츠를 만들 수 있으며, 그 콘텐츠를 활용해 자신의 이미지를 극대화할 수 있다. 그렇기에 매력적이고, 외향적이며, 자신감 넘치는 나르시시스트들에 대한 인기는 계속될 것이다. 게다가 나르시시스트는 자기 자신을 하나의 브랜드로 구축하는 능력이 매우 탁월하다.

현대 사회의 구조는 나르시시스트의 특성과 맞물리며, 이들이 성공할 수 있는 기반이 된다.

이들은 자신이 가진 장점 중 하나를 과장하고 부각하여 선보인다. 물론 이들의 장점도 실제 능력과는 별개이며, 단지 사람들에게 강렬한 인상을 남길 뿐이다. 디지털 시대라고 해서 나르시시스트가 변하는 건 아니다. 단지 시대적인 현상으로 나르시시즘이 주목받고 있으며, 나르시시스트가 사회적으로 성공할 가능성이 높을 뿐이다.

앞에서 말했듯이 나르시시스트의 겉모습은 자신감 넘치지만, 그 내면 깊은 곳에서 불안에 떨고 있을 수 있다.

나르시시즘의 핵심은 '받은 만큼만 관심받겠다'가 아니라, '받은 것보다 더 많이 받고 싶다'라는 과도한 욕망

이다.

 그러므로 디지털 시대를 살아가는 우리는 '나르시시즘'과 '나르시시즘 현상'은 다르다는 사실을 잊지 말고, 이를 구분할 수 있는 눈을 키워야 한다.

디지털 시대,
다크 심리학의 가치

 누구나 인간관계에서 무력감을 느낀 적이 있을 것이다. '내가 원하던 대로 잘 안될 때, 모든 잘못이 내 탓인 것 같을 때, 상대방에게 휘둘리는 기분일 때'처럼 자신은 아무런 힘이 없으며, 뭘 해도 다 소용이 없음을 느끼는 것이다.
 그렇다면 이 무력감의 주된 이유는 무엇일까? 바로 '사람' 때문이다. 그리고 안타깝게도 그 사람의 '심리 기술'에 당했을 수도 있다. 이 '심리 기술'로 사람을 조종하고 통제하는 것이 다크 심리학이다. 물론 반대로 인간관계에서 오는 갈등을 해결하고, 서로 신뢰를 형성하는 데 사용할 수 도 있다.

여기까지 읽은 당신이라면, 다크 심리학의 파괴력이 어느 정도일지 짐작할 수 있을 것이다. 〈Chapter 1〉을 마무리하면서 다크 트라이어드, 어둠의 3요소를 간략히 정리하고 넘어가겠다.

마키아벨리스트	사이코패스	나르시시스트
조작적 성향	반사회적 인격장애	지나친 자기애
• 철저한 전략으로 타인을 이용한다. • 순간적인 감정보다 장기적으로 계산한다. • 도덕과 윤리를 중요하게 여기지 않는다.	• 타인을 조종하고 이용하는 데 능숙하다. • 주변에 해를 끼쳐도 죄책감을 느끼지 않는다. • 유전적 요인과 환경적 영향을 받는다.	• 자신의 능력이나 성취를 과장한다. • 가스라이팅이나 희생자 코스프레로 나타난다. • 남들의 비판에 과민하게 반응한다.
"목적을 위해 수단을 가리지 않아."	"아무 감정도 느껴지지 않아."	"난 정말 특별한 존재야."

어둠의 3요소 성향인 마키아벨리즘, 사이코패스, 나르시시즘이 결합한다면, 타인을 조종하고 이용할 수 있는 강력한 성격이 형성될 것이다. 다만 바라는 것은 관계에서 갈등이 아닌 해결을, 조작이 아닌 설득을, 더 나은 관계를 형성하는 도구로 사용되었으면 하는 마음이다.

사디즘과 사이버 범죄

현대 사회에서 다크 심리학의 가치는 점차 중요해지고 있다. 디지털 기술의 발달로 SNS를 통한 대중 조작, 디지털 사기, 사이버 범죄 등 새로운 형태의 심리 기술이 등장했기 때문이다. 이 '신종 심리 기술'은 더 정교하고 광범위해졌는데, 이에 대응하려면 다크 심리학에 대한 이해가 필수다. 이를 통해 심리적 조작을 알아채고, 통제에서 벗어나는 능력을 키울 수 있으며, 자신의 심리적 방어력도 향상시킬 수 있다.

다시 다크 트라이어드 이야기로 되돌아가면, **최근 들어 '어둠의 3요소'에 하나 더 추가해야 한다는 사실을 깨달았다. 바로 '사디즘(Sadism)'이다. 사디즘은 타인에게 고통이나 굴욕을 주는 행위를 통해 쾌감을 느끼는 상태를 뜻한다.** 사디즘 성향의 사람들은 다른 사람에게 고통을 주는 것을 즐긴다. 더 정확히는 '고통'이라는 인식 자체에서 쾌감을 느낀다.

이번 장에서는 성(性)적 쾌락이나 가학증의 핵심 동기 등, 사디즘에 대한 깊은 내용은 다루지 않겠다. 이는 사이버 폭력과 밀접한 관련이 있는 '신종 심리 기술'에 집중하기 위해서다.

온라인에서 특정인을 집단으로 따돌리며 집요하게 괴롭히는 '사이버불링(Cyberbullying)'이나 타인의 약점을 파고들어 조롱하는 '악성 댓글'도 사디스트(Sadist)[9]의 그림자를 품고 있다. 이들은 상대방이 괴로워하는 순간을 보면서 삶의 에너지를 얻는다. 그런데 온라인의 특성상 사이버 불링과 악성 댓글은 확산이 빠르기에 '조종자'[10]를 찾아내기 어렵다. 그 결과, 이제는 한국을 넘어 전 세계적으로 '누군가가 몰락하는 걸 즐기는' 잘못된 풍조가 만연하게 되었다. 이는 일종의 '사디즘 현상'으로 볼 수 있다.

사디스트는 상대방을 조종하고 이용하는 정도가 아니라, 상대방이 고통받는 모습을 통해 '쾌감'을 느낀다.

현대의 수많은 온라인 플랫폼은 원래 소통과 협업을 위

---

9 타인에게 고통을 주는 것에서 쾌락을 느끼는 사람으로, 의학적 또는 성적 의미로도 사용한다.
10 심리를 조종하는 가해자로, 편의상 '조종자'로 지칭한다.

해 만들어졌으나 '익명성'이란 무기를 쥔 다크 트라이어드 성향자에게는 무한한 사냥터가 되었다. 게다가 오프라인 공간에서 물리적 제재를 걱정하던 이들 역시 가상의 온라인 공간에서는 익명의 가면을 쓰고 '악의적 에너지'를 마음껏 분출한다. 그런데다가 온라인 플랫폼은 그들의 자극적인 말과 행동에 의한 '조회수'와 '댓글 수'를 수익으로 환산해서 보상한다.

이러한 '악의적 동력'이 증폭되면서 지금 세상은 조롱과 혐오, 극단적인 감정 소모로 가득 차게 됐다.

이렇게 변질된 세상에서 피해자는 실시간으로 '보이지 않는 공격'에 노출된다. '가스라이팅, 사이버 불링, 신상 털기, 사생활 침해' 등이 공공연히 이루어진다. 심지어 정치적·경제적 목적에 의해 만들어진 대형 조직이 특정 집단을 공격하고 여론을 조작하는 일도 벌어진다.

결국 '아무도 믿을 수 없다'라는 심리가 현대인의 새로운 '심리적 바이러스'가 되어버렸다.

게다가 인공지능(AI)의 발전까지 더해지는 상황에서 앞으로 어떻게 될지 모를 일이다. 조종자는 상대방을 수동적 상태로 만들고는 자신이 원하는 대로 몰아넣는다. 그러면서 '내가 모든 상황을 통제하고 있다'라고 너스레를 떤다. 그런데 여기서 발견되는 중요한 사실이 있다. 조종자 역시 자기 내면의 공포에서 벗어날 수 없다는 것이다.

조종자의 공격적 행동 이면에는 '상대를 지배하지 않으면 불안하다'라는 심리가 깔려 있다.

이 점을 잘 파악하면, 우리는 조종자의 전략을 역으로 이용할 수 있다. 가령 당신을 고립시키려고 하는 조종자가 나르시시스트라면, 그의 핵심 욕망은 '내 곁에 사람을 묶어두고 싶다'라는 것이다. 이때 일부러 그가 원하는 '관심'을 주되, 결정적인 순간에 당신이 주도권을 행사한다면 어떨까? 조종자가 펼치는 전략을 이미 알고 있으니 거꾸로 이용하는 것이다.

물론 조종자는 온갖 교묘한 말을 동원해 우리의 감정적 에너지를 뺏으려 할 것이다. 이때 우리가 거짓된 칭찬이나 비난을 '정서적으로'가 아닌 '분석적으로' 보게 되면, 그 말의 본질이 '빈 껍데기임'을 깨닫게 된다. 따라서 조종자가 던지는 미끼를 잡되 그 의도를 간파하여 역으로 이용한다면, 당신은 조종자의 전략을 손쉽게 무효화시킬 수 있다.

지금까지 다크 트라이어드 등 다크 심리학의 기초 지식과 가치에 대해 알아보았다. 그러면 이제 '어둠의 기술'을 사용하는 '조종자'에게 맞서기 위해 당신도 '어둠의 기술'을 배울 준비가 되었는가? 물론 처음부터 이 기술을 역이용하는 게 쉽지는 않을 것이다. '조종자'의 전략은 교묘하기에 법망이나 기술적 허점을 이용해 당신을 위협할 수도 있다.

그러나 당신이 《다크 심리학》을 통해 어둠의 구조와 전략을 알게 된다면, 더는 이전과 같은 희생자가 아니다. 더 나아가 필요하다면 '어둠의 기술'들을 창의적으로 재구성할 수도 있다.

조종자의 심리를 꿰뚫어 보고,
그것을 자신의 성장에 활용하는 것.
이것이 어둠의 기술을 역이용하는
'주도적인 인간'의 모습이다.

《다크 심리학》은 단지 이론만 담은 것이 아닌, 문제 해결의 실마리가 담겨 있는 '기술서'에 가깝다. 〈Chapter 2〉부터 실생활에서 활용할 수 있는 '다크 심리 기술'을 소개하겠다. 이 기술을 통해 인간관계에서 우위를 점하고, '조종자'의 심리적 조작으로부터 자신을 보호할 수 있을 것이다.

Chapter 2

인간을 조종하는
5가지 원칙

· 관계의 본질 ·

진짜 목적은 숨어있다

관계의 목적

인간은 누구나 관계를 맺으며 살아간다. 태어나서 죽을 때까지 누군가와 관계를 통해 자기 삶을 풍요롭게 하고, 때론 복잡하게도 만든다. 우리는 각자의 삶에서 가족으로, 연인으로, 직장인으로, 또는 낯선 타인으로 역할을 달리해 새로운 관계를 맺고, 저마다 다른 삶의 방식과 가치관을 형성한다.

그런데 한가지 공통점이 있다. '누군가와 연결되어 있다'라는 사실에서 안도감을 얻고, 동시에 상대방에게 보이지 않는 영향력을 행사하고 싶어 하는 마음도 품는다.

모든 관계는 상호작용을 기반으로 하는데, 심리학에서는 그 상호작용을 파악할 때 '표면 행동(Surface Acting)[11]'과 '심층 행동(Deep Acting)[12]'을 함께 살핀다. 대부분 관계의 '진짜 목적'은 종종 수면 아래에 잠겨 있기 때문이다. 가령 누군가는 "나는 순수하게 네가 좋아서 가까이 있고 싶어"라고 말하지만, 실제로는 "나는 네가 날 필요로 하도록 만들고 싶어"라고 속으로 외치기도 한다.

그렇다면 지금 당신이 맺고 있는 관계들은 어떠한가? 모든 감정의 귀결이라 여겨지는 '사랑'의 관점에서 생각해 보자. 많은 사람이 연인이나 부모와의 관계의 바탕에는 사랑이 존재한다고 생각한다. '나(너)를 사랑하니까' 걱정하는 마음이 생기고, 그 마음이 커지면 화를 낼 수 있다고도 생각한다. 그러면서 사랑이라는 명목하에 서로 돕고 의지

---

11 자신의 실제 감정은 숨긴 채 외부적으로 특정 감정을 연기하는 방식이다.
12 외부적 상황에 맞도록 실제 자신의 감정을 느끼려고 노력하는 방식이다.

하는 관계라고 믿는다.

그러나 이것은 잘못된 생각이다. 무엇보다 '사랑하니까 화를 낸다', '사랑하니까 참는다'라는 생각은 위험하며 자칫 심각한 결과를 초래할 수 있다. 그러므로 우리는 관계에서 '한쪽에서는 상대방의 불안을 은근히 부추기고 있지 않은지'를 돌아볼 필요가 있다. 또한 나도 모르게 누군가의 보이지 않는 조작에 끌려가고 있는 건 아닌지도 살펴봐야 한다.

결국 '사랑보다 의존을 심어라'라는 말은, 냉혹한 동시에 가장 현실적인 충고다.

사람과 사람 사이에서 가장 확고한 통제력을 확보하는 방법은, 상대방이 스스로 '그(그녀)를 떠날 수 없어'라고 믿도록 만드는 것이기 때문이다.

의존 관계의 사례

상대방을 나에게 의존하도록 만드는 전략은 고대부터 이어져 왔는데, 소위 '현명한 지배자들'에게 자주 목격된다. 기원전 1세기, 이집트의 클레오파트라 여왕은 당대 최고의 권력가인 로마의 카이사르와 안토니우스를 휘어잡은 것으로 유명하다. 그러면 클레오파트라는 어떻게 시대의 권력가들을 사로잡았을까? 천하절색의 미인이었던 그녀는 세련된 매너와 화술로 그들을 사로잡았는데, 자신의 권력 기반을 지키기 위해 '네가 나를 지켜줘야 해'란 메시지를 끊임없이 암시했다.

게다가 '이집트는 로마에 필수적이므로, 만약 이집트가 로마의 보호에서 벗어나면 정치적 공백이 생길 것'이라는 말로 그들의 불안을 조성하여 자신을 떠나지 못하게 만들었다. 여기서 핵심은 '이집트가 필요한 존재'로 보이게 하는 동시에 로마 지도자가 이집트 없이는 동방(東方)을 완전히 장악할 수 없다는 위기감을 조성한 것이다. 이에 넘어간 카이사르나 안토니우스는 스스로 자신을 이집트의 권력자이자 클레오파트라의 보호자로 착각하게 되었다.

이와 유사한 사례로 미국의 R&B 가수 알 켈리(R. Kelly)를 들 수 있다. 대표곡 〈I Believe I Can Fly〉로 세계적인 명성을 얻어 그래미상(Grammy Awards)까지 받은 켈리는 다수의 미성년자를 포함한 여성들을 납치·감금하여 성(性)노예로 부렸다. 그의 교묘한 술수는 먼저 '사랑과 의무'를 가장해 여성들에게 접근하고, 자신의 저택에 불러들여 호의와 선물을 베풀면서 장밋빛 미래를 약속했다.

그러나 켈리는 '자신의 세계'에 가둬두자마자 돌변해 여성들에게 극단적인 통제와 처벌을 가했다. 심지어 화장실도 자신의 허락 없이 사용하지 못하고, 성 착취 영상을 찍어 협박 용도로 수집했다. 이렇게 여성들을 세상과 단절시켜 자신만 의지하게 만든 그는, '나 없이는 아무것도 할 수 없다'라고 믿게 만든 것이다.

이후 몇몇 피해 여성들이 용기를 내 탈출하고 고발하면서 켈리의 실상이 드러났다. 그는 뉴욕과 시카고에서 이뤄진 재판에서 모두 유죄 판결을 받았으며, 이후 징역 30년과 10만 달러의 벌금형을 선고받았다. 우리가 주목할 것은 시카고 법원 법정에선 전문가들의 증언이다.

"켈리의 수법은 컬트 교주가 신도를 심리적으로 지배한

것과 동일하며, 피해 여성들은 공포와 복종 심리에 의해 세뇌되었다."

이 사건은 자신의 유명세나 지위를 악용해 개인적 의존 관계를 만들고, 심리적으로 지배할 수 있음을 보여준다.

앞의 사례가 우리에게 시사하는 바는 명확하다.

'상대방을 나 없이 못 살도록 만드는 것.'

바로 이것이 권력과 지배의 '진짜 축'이다. 사랑이라는 부드러운 감정도, 우정이라는 따뜻한 관계도, 결국 한쪽이 다른 한쪽에게 무엇인가를 절실히 원하도록 만듦으로써 형성될 수 있다.

이를 심리학에서는 '의존 구도'라고 부른다. 사람은 본능적으로 자신이 해결하지 못하는 문제나 어려운 상황에 발생한 공백을 채워줄 수 있는 존재에 이끌린다. 그 공백이 정서적 안정이든, 지식이나 자원이든, 또는 권위나 위신이든 상관없다. 만약 나에게 필요한 것을 상대방이 쥐고 있으면, 그의 곁을 쉽게 떠나지 못한다.

어쩌면 지금 언급한 내용을 받아들이기에 불쾌하거나

위험한 생각이라고 여길 수도 있다. 하지만 고대부터 현대에 이르기까지 모든 관계는 늘 '힘의 균형'에 따라 움직인다. 쉽게 설명하면 누구나 약점이 있고, 또 누구나 안정감을 원하기 때문에 어떤 방식으로든 '의존'이라는 고리가 생길 수밖에 없다. 문제는 이 고리가 은밀한 교섭의 무기가 되느냐, 아니면 상호 성장의 촉매가 되느냐 하는 것이다.

의존 관계 만드는 법

그렇다면 '사랑보다 의존을 심어라'라는 원칙을 구체적으로 어떻게 활용할 수 있을까? 다음 4가지 전략을 소개한다.

첫째, 의존 대상을 정교하게 선택한다.

내가 쥐고 있는 능력이나 자원, 정보가 상대방에게 꼭 필요한 것이어야 한다. 사소하거나 미미한 것으로는 상대방이 '그냥 없어도 살아갈 수 있다'라고 판단해 버린다.

둘째, 두려움이나 불안을 자극할 때 적정선을 유지한다.

지나친 공포는 오히려 상대를 도망치게 만든다. 마치 클레오파트라가 '이집트가 없으면 당신들도 곤란하다'라는 메시지를 세련된 방식으로 던졌듯이, '내가 없으면 곤란해질 걸'이라는 암시를 은근히 깔아야 한다.

셋째, 나에게 의존하는 사실을 직접적으로 들추지 않는다.

대부분의 사람이 싫어하는 상황 중 하나는 '내가 약자이며, 무언가에 종속되어 있다'라는 사실이 드러날 때다. 비록 상대방이 내게 매달리고 있지만, 겉으론 여전히 자존심을 유지할 수 있도록 배려해야 한다.

넷째, 상대방에게 최소한의 호의와 지원을 제공한다.

상대방 스스로 '이 사람과 함께라면 늘 안정감을 느낀다'라고 믿을 때 의존 관계가 형성되고 장기적으로 유지된다. 이때 지나친 자기희생으로 상대방의 감사를 유도해서는 안 된다. 그보다는 '적절한 거리'를 유지하면서 자신이 필요한 순간에만 도움을 주는 것이 더 효과적이다.

<u>이 4가지 전략을 종합하면, 우리가 '사랑'이라 부르는 감정의 한가운데에는 '의존'이라는 묘약이 들어 있다는 사실을 깨닫게 된다. 이 의존을 어떻게 조율하느냐에 따라 관계의 방향이 결정된다.</u> 때론 치밀한 계산이 깔린 상호 의존이 오히려 오랜 결속을 만들어낼 수 있고, 한쪽이 약점을 움켜쥐고 있는 관계일수록 더 단단해 보이기도 한다.

그렇다고 해서 이것이 무조건 악한 방법만은 아니다. 인간의 마음은 복잡하고, 사랑이라는 말로 포장하기에는 언제나 부족한 부분이 있기 때문이다.

우리는 자신이 원하는 것을 상대방에게 요구하는 것을 어려워하거나 두려워한다. 하지만 그 상대가 내게 의존하고 있는 상황에서는 원하는 것을 수월하게 얻을 수 있다. 그런데 반대로 내가 상대방에게 의존하고 있다면, 그 관계에 순수한 '애정'과 '호의'만 있는 것은 아니라는 사실을 기억해야 한다. 즉 사랑이라는 감정에도 은근히 '의존'의 고리가 작동하고 있다는 사실을 깨달아야 한다.

또한, 내가 필수 자원을 쥐고 있음을 부각하되, 강요처럼 보이지 않도록 해야 한다. 상대방 스스로 결핍을 느끼고, 나를 통해 그 결핍을 채운다고 여길 수 있게 유도해야 한다. 나에 대한 의존이 고착될수록 그 관계는 단단해지지만, 동시에 상대방의 반발 가능성도 커질 수 있다. 이를 통제하려면 상대방의 자존심을 건드리지 않는 선에서 계속 지원해야 한다.

타인과의 관계가 '서로를 세워주는 길'이 되느냐,
'한쪽이 철저하게 지배하는 길'이 되느냐는
바로 지금 당신의 선택에 달려 있다.

· 취약점 찾기 ·

인간은 약점을 숨기지 못한다

취약점 포착

인간은 본능적으로 '지배하려는 욕구'와 동시에 '지배당하려는 욕구'가 있다. 왜냐하면 '강함'을 동경하기에 지배자들의 능력을 부러워하고, 자신도 그들과 같은 지배력을 원하기 때문이다. 하지만 '진짜 강한 사람'은 타인을 부러워하는 일도 없으며, 애초에 강하지 않은 대부분 사람은 자신의 약점을 감추기에 급급하다. 즉 겉으로 강해 보이고, 어떤 상황에서도 흔들리지 않는 이미지를 보여주고 싶어 한다.

심리학적으로 이러한 '강함'은 쉽게 무너진다. 제아무리 본 모습을 숨겨도 결정적 순간에는 자신의 나약함이 드러나기 때문이다. 그런데 놀랍게도 많은 사람이 자신의 약점을 숨기는 전략으로 '착한 척'을 활용한다. 이들은 자신이 부족하거나 불안한 부분을 드러내지 않기 위해 상대방을 배려하는 것처럼 행동하고, 온화한 태도를 보인다. 이러한 '배려'는 진짜 선의(善意)가 아닌 자신의 취약점을 들키지 않기 위한 방어책일 때가 많다.

그런데 강한 사람도 자신보다 더 강한 사람들은 얼마든지 있다. 이를 다크 심리학 관점에서 보면, 인간은 '약점이 드러날까?' 하는 공포에 끊임없이 시달리는 존재이다. 그래서 이 공포를 감추기 위해, 또는 역으로 상대방을 조종하기 위해 '착한 척'하는 전략을 무의식적으로 구사한다.

그러나 이런 '착한 척'이야말로 자신이 약자라는 사실을 부각하는 역효과가 일어날 수 있다. 왜냐하면, 상대방에게 '나는 나를 방어해야 해'라는 신호를 주는 것이나 마찬가지이기 때문이다.

'인간은 자신의 약점을 완벽하게 숨길 수 없다.'

다크 심리학에서는 '취약점 포착'이라는 도구를 활용하는데, 상대방이 어떤 부분에서 수치심을 느끼고, 무엇을 두려워하는지 간파하면 그 사람의 마음을 쉽게 장악할 수 있다는 원리다. 즉 상대방의 약점을 움켜쥐는 순간, 그 사람은 자기방어를 위해 더 깊은 함정에 빠지거나, 자포자기하는 심정으로 내게 매달리게 된다.

약점은 인간의 가장 민감한 부분이기에 아무리 가까운 사이라도 그 약점을 건드리면, 저항하면서 본심을 드러내게 된다. 이러한 인간의 이치는 우리 주변의 사소한 일상에서도 확인할 수 있다.

예를 들어, 한 직장 상사가 매번 부하직원을 칭찬하지만, 간혹 상황에 따라 일부러 몰아세워 움츠러들게 만든다. 이는 부하직원의 약점인 '인정 욕구'를 건드려 활용하는 것이다. 평소에는 "넌 정말 회사에 꼭 필요한 인재야"라고 달콤한 말을 건네지만, 중요한 프로젝트가 닥치면 "이 정도도 못 해내면 큰일 나지 않겠어?"라며 불안감을 조장한다.

이런 방식으로 부하직원의 약점을 건드리면, 그는 자신도 모르게 상사의 승인에 집착하게 된다. 그리고는 '내가 무능해 보이진 않을까?' 하는 두려움에 빠져 '착한 척(열심히 일하는 척)' 상사의 비위를 맞추려 든다. 의식적으로든, 무의식적으로든, 자신의 약점을 건드리는 상사를 어떻게든 만족시키고 싶은 것이다.

또 다른 사례로 '이미지 메이킹(Image Making)'이 있다. 이미지 메이킹이란 타인이 나를 보거나 생각할 때 갖게 되는 인상을 의도적으로 만들어 내는 것이다. 특히 정치가들이 자신의 가치나 메시지를 국민에게 전달하는 이미지 메이킹은 매우 중요하다. 그래서 후보자들이 선거 유세에서 보이는 이미지 메이킹은 유권자들의 약점을 건드리는 기술로 이뤄진다.

가령 어떤 후보는 "나는 정의로우며, 약자를 돕기 위해 희생할 준비가 되어 있다"라는 메시지를 전하며 '정의로운 이미지'를 부각하지만, 이는 유권자들의 '불안'과 '죄책감'을 건드리는 전략일 때가 많다. 그런데 놀랍게도 유권자들은 '착한 척'하는 후보자에게 기대고 싶으면서 동시에 그 후보가 자신의 약함을 보듬어줄 것이라고 믿는다.

결국 후보자들은 당선되기 위해서라면, 자신의 권력욕이나 야심을 철저히 숨긴 채 온갖 거짓 유세와 선동을 통한 조장을 서슴지 않게 된다. 사실 이미지 메이킹은 전체주의 국가나 독재국가에서 자신의 권력을 강화하고 유지하기 위한 도구로도 사용했으며, 그 대표적인 인물로 히틀러가 있다.

다시 돌아가서 이렇듯 '착한 척'과 '나약함'은 아무 관련이 없어 보여도 사실 한 몸체다. 두 요소가 만나는 지점에 인간이 감추고 싶어 하는 '약점'이 놓여 있으며, 그 약점이 드러난 사람은 손쉽게 다룰 수 있다.

앞의 두 사례에서 우리가 알아야 할 핵심은 다음과 같다.

인간은 자신의 약점을 들키지 않으려고 애쓰지만, 그 행위 자체가 스스로 약점을 드러내는 것이다.

착한 척으로 일관하는 사람일수록 '내가 해코지당하면 어쩌지?' 하는 두려움이 크고, 칭찬과 질책을 반복하며 부하직원을 길들이는 상사일수록 '나의 통제에 있지 않으면

(벗어나면) 어쩌지?' 하는 불안에 시달리는 모순에 빠진다.

착한 척은 약자의 전략이다

앞에서 언급한 문제점을 해결하는 방법은 없을까? 정답은 다크 심리학에 있다. 다크 심리학은 오히려 모순을 적극적으로 파고들어 활용한다. 가령 상대방이 약점을 감추려 할수록 더 치밀하게 그 약점을 건드려 갈등을 일으키거나, 그 사람의 주위를 서성이며 방어적인 태도를 유도한다.

이때 상대방에게 "네가 '~척' 가장해서 날 속이고 있지?"라는 노골적인 의심이 아니라, 미묘한 언행으로 상대방을 불안하게 만드는 것이 효과적이다. 그렇게 하면 상대방은 '내 약함을 들킨 게 아닐까?' 하는 공포에 시달리며 더욱 '착한 척, 강한 척'을 반복하고, 결과적으로 자신의 치부를 전부 드러내는 꼴이 된다.

이처럼 원래 '약자의 전략'임에도 나약함과 수치심, 착한 척이 뒤섞이면, 발버둥 칠수록 더더욱 깊은 함정에 빠져 벗어날 수가 없다. 결국 관계의 주도권은 '약점 포착'에 능숙한 쪽이 쥐게 되고, 약점을 드러낸 사람은 '이 관계에서 어떻게든 살아남으려면 그의 요구에 응해야 한다'라는 생각을 떨칠 수 없게 된다.

그러면 다크 심리학의 관점에서 이러한 '약점 포착'을 어떻게 활용할 수 있을까?

첫째, 상대방이 어떤 '착한 척'을 하는지 파악하는 것이 중요하다.

예를 들어 두 사람이 있는데, 한 사람은 매사에 자발적으로 남을 도우며 스스로 희생하려 든다. 또 다른 사람은 늘 겸손하며 남을 돕고 있지만, 언뜻 불안과 두려움의 감정이 느껴진다. 이때 '왜 저 사람은 굳이 남을 돕는 것이며, 과한 미소를 보일까?'를 의심해 보라. 대개 과한 행동은 자신의 약함을 드러내지 않으려는 방어적인 행동이다.

둘째, 착한 척을 통해 드러나는 '정서적 빈틈'을 구체적으로 찾아야 한다.

만약 '자신이 무능력해 보일까 봐 두려워서 겸손을 가장하는구나'라는 사실을 알아차렸다면, 그 두려움을 미묘하게 건드려 줄 필요가 있다. 예를 들어 그 사람에게 더 큰 책임을 제시하거나, 칭찬을 하다가도 한 번씩 의심의 언급을 곁들이면, 그는 스스로 검증받기 위해 애쓸 것이다.

셋째, 상대방이 스스로 '나약함'을 직시하게 만드는 것이 핵심이다.

그 사람에게 문제가 발생했다면 "당신, 사실 강하지 않잖아?"라고 면박을 주는 것이 아니라, 조금 뒤로 물러나서 관찰하라. 그러면 그는 허둥대면서도 애써 태연한 표정을 지을 것이다. 그때 부드럽게 (때로는 차갑게) "내가 없으면 힘들지 않아?"라는 뉘앙스의 말을 던져라. 그렇게 하면 그는 자신의 불안을 해소하기 위해 지금보다 더 깊게 당신에게 매달릴 가능성이 높다.

착한 척하며 자신의 약점을 감추는 사람일수록 마음 깊

은 곳에 죄책감과 불안을 품고 있다. 이들은 '내가 이만큼 착해야만 다른 사람에게 인정받는다'라는 심리가 깔려 있으며, 누군가가 작은 의심을 보내는 것만으로도 크게 흔들린다. 그러고는 관계에서 주도권을 쥔 사람의 비위를 맞추거나 자신의 책임을 회피하려고 한다.

인간은 자신의 약점을 결코 숨기지 못한다.
그 약점이 바로 다크 심리학을 관통하는 핵심 동력이다.

상대방의 약점을 파악하려면, 그 사람의 과장된 호의와 미소 뒤에 무엇을 숨기고 있는지 유심히 관찰하라. 다시 말하지만 '착한 척'만으로 자신의 나약함을 가릴 수 없으며, 수치심을 건드리는 순간 '방어벽'은 속수무책으로 무너진다. 이것이 우리가 어떤 관계든, 어떤 사람이든 냉정하게 바라봐야 하는 이유다.

아무리 '좋은 의도'를 가장해도 깊은 곳에서 불안과 두려움이 틈을 보이는 순간, 상대방의 '진짜 모습'이 드러난다. 그리고 그 약점을 붙들 수 있는 자가 '관계의 중심'을 차지할 수 있다.

· 욕망 읽기 ·

인정 욕구는 누구에게나 있다

인정 욕구의 정의

인간은 누구나 타인에게 인정받기를 바란다. 일은 물론 외모, 성격, 인간관계 등 다양한 부분에서 타인의 눈을 통해 재확인받고 싶어 한다. 이러한 인정욕구는 단순히 '칭찬받으면 기분이 좋다'라는 차원이 아니다. 자신의 존재가치, 즉 자존감이나 자아 정체성 등을 인정받고자 하는 근본적인 욕망이다.

심리학자 헨리 머레이(Henry Murray)는 "인간의 모든 행동은 욕구에서 비롯된다"라고 말했다. 이 말에 따르면, 우리의 인생은 인정욕구를 채우기 위해 노력한 기간으로 볼 수도 있다. 어린 시절에는 '어떻게 해야 칭찬받을 수 있을까?' 고민했고, 사회에 나와서는 온갖 경쟁 속에서 인정받고 싶다는 욕구로 스트레스를 받기도 한다. 인정받고 싶은 건 지극히 인간적인 욕망이기에 누구에게나 인정욕구가 존재한다.

가령 겉보기에 자존감이 높아 보이는 사람도, 정작 누군가의 무심한 반응 하나에 크게 흔들릴 수 있다. '나는 절대 그렇지 않다'라고 부정하고 싶겠지만, 사실 인정욕구 앞에선 누구도 완벽히 자유롭지 못하다.

그렇다면 왜 우리는 이토록 타인에게 인정받기를 갈망할까? 사실 인정욕구는 인간만이 아닌 동식물에서도 발견되는 생물의 욕구다. 이런 관점에서 인간은 선천적으로 생존력을 추구했는데 식욕, 수면욕 등이 생존에 필요한 생리적 욕구라면, 인정욕구는 '자신의 생존 이유'를 확인하는 것과 같다.

또한, 인간은 본질적으로 사회적 존재이기에 소속감을 추구하고, 인간관계를 중요하게 여긴다. 사회에서 자신의 역할을 감당하고, 타인과의 관계 속에서 정체성을 형성한다. 어쩌면 고독이 '생존의 위협'으로 여겨졌던 시절의 유전자가 지금도 무의식 속에서 "네가 이 무리 안에 필요한 존재임을 증명해 봐"라고 다그치는지도 모른다. 그래서 타인의 인정이나 긍정 어린 시선이 사라지면, 마치 배경음이 꺼진 무대처럼 불안함이 엄습한다.

이러한 인정 욕구가 극단적으로 표출되는 사람들은 자신이 원하는 욕망을 감추거나, 반대로 상대방의 욕구를 교묘하게 이용하게 된다. 즉 스스로 "내가 얼마나 대단한지 봐줘"라고 외치는 것이 아니라, 은근히 상대방을 '부추기고', '질투하게' 만들어서 "역시 당신이 최고야"라는 말을 끌어내는 방식이다.

상대방의 욕망과 약점을 파악하면, 상대방 스스로 '나를 인정할 수밖에 없는 구조'를 설계할 수 있다.

인정욕구의 사례

사회적 관계 속에서 욕심이 '없는 척'하는 사람은 있지만, 인정욕구에서 벗어날 수 있는 사람은 아무도 없다. 특히 현대 자본주의 사회에서의 인정욕구는 자기 꿈이나 목표를 실현하는 원동력이 되기에, 인정받고 싶은 마음을 긍정적으로 활용하면 삶의 행복과 즐거움을 얻을 수 있다.

모든 사람이 저마다의 방식으로 살아가는 만큼 표출하는 인정욕구도 다양하다. 그런데 문제는 인정받고 싶은 욕망이 너무 과하거나 부족할 때, 또는 다른 사람의 인정욕구를 역으로 활용할 때 발생한다.

다음의 사례들을 통해 인정욕구가 어떻게 표출되고 이용되는지를 설명하겠다.

'폰지 사기(Ponzi scheme)'란 말을 들어봤을 것이다. 고수익을 미끼로 신규 투자자들을 모은 후, 그들의 투자금을 기존 투자자들에게 수익금으로 지급하는 사기 수법이다. 쉽게 말해 다단계 금융 사기다. 그런데 왜 '폰지 사기'란 용어로 불릴까? 이는 1920년대 미국에서 이러한 사기 수법을 벌인 찰스 폰지(Charles Ponzi)의 이름에서 유래되었다.

당시 폰지는 '45일 만에 50%, 90일 만에 100% 수익률 달성'이란 파격적인 투자 광고를 했는데, 이 광고에 현혹된 수많은 투자자가 몰렸다. 그런데 폰지는 광고 외에 또 다른 사기 수법을 실행했다. 바로 소수의 부유층 투자자에게 접근해 그들의 인정욕구를 건드린 것이다.

그는 일부러 어떤 투자자의 돈은 재빨리 두 배로 돌려주며 '투자 선구안'이 있다고 칭송했다. 그러자 투자자들은 자신이 현명하며, 선구안이 있다는 평판을 얻을 욕심에 기꺼이 투자했다. 심지어 늦게 투자하면 안 될 것 같은 불안에 앞다투어 큰돈을 맡겼다. 폰지는 그들의 이런 심리를 부추기며 탐욕을 자극하는 방식으로 짧은 기간에 수천만 달러를 끌어모았다.

그러나 1년 남짓 지나 투자자들은 원금을 거의 날렸고, 폰지 역시 파산 후 구속되었다. 수사 결과, 흥미로운 것은 폰지의 사기 수법에 넘어간 이들 대부분이 사회적 지위가 있는 똑똑한 사람들이었다는 점이다. 당시 전문가들은 "폰지의 사기는 투자자들의 탐욕과 명망에 대한 욕구(인정욕구) 없이는 불가능했다"라고 말했다. 이후 '폰지 사기'는 다단계 금융사기를 일컫는 고유명사로 통용되기 시작했다.

지금도 사회 저변에서 벌어지는 투자 사기는 폰지 사기에 해당한다. 언뜻 생각해도 시장 상황과 관계없이 높은 수익을 말하는 건 비현실적이기에 당하지 않을 것 같다. 그런데도 여전히 암호화폐, 가상자산, NFT 등 다양한 폰지 사기가 기승을 부리는 이유가 무엇일까? 인간의 욕망(재정적 안정)과 인정 욕구(칭송받고 싶은 심리)를 자극하면, 얼마든지 상대방을 속일 수 있기 때문이다.

아무리 현명한 사람이어도 자기 욕망을 조절하지 못하면, 타인에게 쉽게 조종당할 수 있다.

현대사회에서의 인정 욕구를 볼 수 있는 가장 일반적인 사례는 SNS를 통해 볼 수 있다. 사람들은 '좋아요'와 '댓글' 반응으로 자신의 가치를 확인한다. 물론 긍정적인 효과도 작용하지만, 자칫 SNS에서 인정받는 것에 의존하면 역효과로 자존감이 약해질 수 있다.

특히 일반 사용자가 아닌 인플루언서로 명성 높은 이들 중에선 이미 '폭발적 인기(인정욕구)'를 경험했지만, 늘 수치(좋아요, 조회수)가 줄어들까 봐 두려워한다. 물론 스스로는

"대수롭지 않아"라고 말해도 밤낮없이 알람을 확인하며 '인정의 끈'이 풀릴까 노심초사한다.

평소 SNS 활동을 안 하던 사람이 갑자기 폭발하듯 일상을 공개하며 '반응 수'를 확인하는 것도 마찬가지다. 겉으로는 "별 의미 없어, 기록용이야"라고 말하지만, 역시 '좋아요'나 댓글이 안 달리면 시무룩해지는 이중성이 고스란히 드러난다.

이처럼 사람들은 제각기 다른 방식으로 '나를 봐 달라'는 욕구를 발산한다. 누군가는 대담하게 노출하고, 누군가는 극도로 숨기려 애쓰며, 또 다른 누군가는 남을 이용해 자신을 빛나게 만든다. 그런데 공통된 사실 하나가 있다. 바로 이 욕구가 어디서 어떻게 드러나든, 그 뿌리에는 '스스로를 확인하고 싶은 갈망'이 웅크리고 있다는 점이다. 이 갈망을 파악할 수 있으면, 상대방의 심리적 약점뿐 아니라 동력까지도 함께 쥘 수 있다.

당신이 상대방의 욕망을 충족시키면, 그들은 당신을 좋아하게 된다.

어떤 사람은 '내 성과를 알아봐 달라'라는 열망에 휩싸여 있고, 어떤 사람은 '내 고통을 알아달라'라고 필사적으로 호소한다. 그 내용은 달라도 결국 '나는 이만큼 힘드니까(혹은 잘났으니까), 네가 그걸 확인해 줘'라는 말로 귀결된다. 따라서 '상대방이 어떤 모습으로 자신을 드러내고 싶어 하는가'를 관찰함으로써 그 사람의 인정 욕구(욕망)를 알 수 있다.

이 욕망을 활용하려면, 그 사람이 원하는 보상을 교묘하게 제공하면서 (또는 거두어들이면서) 관계의 중심을 잡아야 한다. 그런데 이 과정에서 반드시 염두에 둬야 할 것이 있다. 바로 상대방의 욕구가 절실하면 절실할수록 자신의 자존심을 지키고자 이중적인 태도를 보인다는 점이다. 그러므로 상대방의 자존심이 상하지 않도록 유의하면서 관계의 균형을 조절해야 한다.

상대방의 욕망 읽는 법

상대방의 인정 욕구를 어떻게 다루느냐는, 그 사람의 욕망을 얼마나 알고 있느냐에 달려있다. 그 사람의 욕망을 읽고 싶다면, 먼저 그가 가장 심혈을 기울이는 지점이나, 절대 다른 이에게 빼앗기고 싶어 하지 않는 성과물을 찾아내라. 거기에 담긴 욕망을 간파해야(칭찬하든, 무시하든) 상대방의 인정 욕구를 통제할 실마리를 잡을 수 있다.

가령 오래된 친구들 사이에서도 자기 자랑이 '아닌 척' 하면서 은연중에 "나 요즘 잘 나가"라는 말을 흘리는 사람이 있다. 겉으로는 "대단한 것도 아니야"라며 겸손을 떨지만, 실제는 '내가 말하지 않아도 날 알아줬으면 좋겠다'라는 마음이 클 것이다.

핵심은, 상대방이 자기 존재를 증명받고 싶어 하는 무대가 어디인지를 알아내는 것이다.

그러니 무조건 '잘했네!'라며 대놓고 치켜세우기보다, 상대방의 숨은 바람을 건드려 주는 것이 좋다. 예를 들어, (살짝 지나칠 정도로) 전문적이거나 구체적인 부분을 언급하며 "네가 원래 이런 영역에도 일가견이 있지 않았어?"라는 식으로 대화를 시작하면, 그 상대방은 훨씬 더 내게 마음을 열 확률이 높아진다.

사람들의 욕망에는 나름의 이유가 있으며, 원하는 무대가 있기 마련이다. 예컨대 왕 앞에서 자기 공적(功績)을 과장하는 신하는 '왕실'이라는 무대를 원한다. 예술가는 갤러리나 무대 위에서 꽃피운 '갈채'를 갈망한다. SNS 활동에 올인하는 사람은 '사이버 공간에서 수치로 환산되는 인기도'를 원한다. 이것만 파악해도, 상대방과의 관계에서 주도권을 쥐고 흔들 수 있다.

또한, 앞서 말한 '의존 관계의 사례'에서 클레오파트라가 로마의 지도자들을 사로잡은 것 역시 그들의 권력욕 뒤에 숨겨진 '인정 욕구'를 건드렸기 때문이다. '너희가 나를 보호해 줘야만 너희도 위신을 지킬 수 있어'라는 묘한 공감대가 만들어졌을 때, 이집트와 로마는 일종의 '상호 예우(禮遇) 게임'에 돌입했다. 이런 쌍방향 관계에서 의존도가 깊어지면, 상대방이 아무리 칼을 쥐고 있어도 쉽게 배신할 수 없다.

요약하면 사람은 인정 욕구 없이 살 수 없다. 누구나 사랑받고 싶고, 인정받고 싶으며, 마음 한구석에 '내게 괜찮다고 말해 줘'라는 목소리를 품고 있다. 문제는 인정 욕구 자체가 아니라, 그것을 인식하지 못한 채 스스로 자기 욕망에 잠식되거나 타인에게 조종당할 때 발생한다.

직설적으로 말하면, 내 욕망이 나를 움직이는 것이 아니라, 타인이 나를 통제하는 수단으로 전락할 때 나의 삶은 사라진다. 내가 상대방에게 이용당할 바에는 차라리 내가 상대방을 간파하여 '내 것'으로 만드는 편이 낫지 않은가? 이 말에 동의한다면, 다음 3가지를 명심하라.

첫째, 상대방이 원하는 무대를 찾아라.

사람마다 '인정이 필요해'라고 외치는 무대가 다르다. 이를 인식하고 상대방을 관찰하며, 그의 욕구를 찾아내야 한다.

둘째, 겉치레보다 섬세한 공감이 핵심이다.

그냥 '잘했어'라고 말하는 건 누구나 할 수 있다. 상대방이 특별히 인정받고 싶은 포인트를 찾고, 그 지점을 정교하게 찔러야 한다.

셋째, 관심과 무관심을 균형 있게 사용하라.

상대방에 대한 칭찬이나 관심이 과도하면 별다른 효과가 없다. 때로는 무관심하게 대하되 꼭 필요한 순간에 관심을 주는 방식으로 대하라. 그러면 효과가 극대화된다.

이 3가지 방법을 통해 상대방의 욕구가 어디서, 어떻게 표출되는지를 알 수 있다. 그리고 당신이 '욕망을 바라보는 눈'을 갖게 되면 타인과의 관계에서 손익을 조절할 수 있는 강력한 힘을 지닐 수 있으며, 스스로 자신을 들여다본다면 진정한 자유를 찾을 수 있을 것이다.

• 두려움 심기 •

공포는 최고의 복종을 이끈다

공포와 생존의 경계

 인간을 움직이는 심리적 동력 중에 공포심만큼 강력하고 즉각적인 효과를 내는 것은 없다. 공포, 즉 두려움은 어떤 위험(위협)에 처했을 때 생기는 자연스러운 감정으로, 인간은 공포의 대상에 '맞서거나 달아나는' 본능적인 반응을 일으킨다. 사실 공포는 인간의 생존과 직결되는 중요한 감정이다. 인간이 문명(文明)을 이루기 전 야생 시대에는 공포를 느끼지 못하면 살아남을 수 없었다.

물론 지금은 직접적인 생존의 위협을 받지는 않지만, 여전히 '공포'에 대한 본능을 지니고 있다.

공포심은 인간 생존에 있어서 필수적인 감정이다.

동서양을 막론하고 역사 속 많은 권력자가 때론 공포심을 조장하며 자신의 권력을 유지했다. 그들은 강한 힘을 바탕으로 두려움과 불안감을 조성해 자신의 숙적들을 굴복시켰으며, 사랑과 두려움을 적절히 혼합하여 국민이 복종하도록 만들었다. 가령 고대 중국의 춘추전국시대는 군주제에 기반한 여러 제후국이 전쟁과 멸망을 반복하던 혼란의 시기였다. 이 시기에 군주들은 나라를 지키고, 자신도 살아남기 위해 극단적인 방법을 택했다.

어떤 군주는 재상이나 장군이 조금이라도 의심스러운 태도를 보이면 바로 처벌을 내렸고, 그 모습을 공개적으로 보여 줌으로써 나머지 신하들에게 '나를 함부로 무시하지 마'라는 선명한 메시지를 새겼다. 이를 지켜본 신하들은 군주가 무지막시하다며 속으로 혀를 끌끌 찼지만, 겉으로는 고분고분 복종했다.

또한, 16세기 초 이탈리아는 여러 개의 도시국가로 나뉘어 각축을 벌이던 분열과 혼란의 시기였다. 이러한 상황에서 마키아벨리는 강력한 군주가 국가를 안정시키고 번영을 가져올 수 있다고 믿었다.

그는 자신의 저서 《군주론》에서 다음과 같이 주장했다.

"<u>군주의 가장 중요한 목표는 권력을 유지하는 것이다. 이상적인 원칙보다는 현실적인 정치적 필요성이 더 중요하며, 때로는 폭력도 정당화될 수 있다.</u>"

따라서 군주가 사랑받는 것과 두려움의 대상이 되는 것 중 하나를 선택해야 한다면, 두려움을 선택하는 것이 더 낫다.

마키아벨리의 사상은, 중국 전국시대의 사상가 한비자가 주장한 신상필벌(信賞必罰)[13]과 같은 맥락이다. (진나라의 진시황은 신상필벌을 엄격히 시행하여 중국 최초의 통일 국가를 수립했다.)

---

[13] '공(功)이 있는 사람은 상을 주고, 죄가 있는 사람은 벌을 준다'라는 뜻이다.

마키아벨리와 한비자 둘 다 인간이 공포를 느끼는 지점을 정확히 찌른다. 결국 사람은 무슨 일을 하든 '손해'를 피하는 쪽을 본능적으로 선택하기 때문이다.

그런데 여기서 말한 공포를 단지 '폭력'이나 '위협'으로 단정 지어서는 안 된다. 권력자들의 '공포 통치' 이면에는 인간 본성에 대한 이해와 이를 이용한 기민한 전략들이 있었다. 그리고 이러한 전략은 현대 사회에서도 여전히 유용하게 활용할 수 있다. 인간은 공포가 작동할 때 이성적인 판단보다 '살아남아야 한다'라는 본능에 충실해지고, 그 결과 상대가 제시하는 조건을 고스란히 수용하게 된다.

더군다나 공포는 '눈에 보이지 않는 형벌'로 작동한다. 상대방이 '내가 잘못하면 어떤 일이 벌어질까?'라고 상상하게 만드는 것만으로 상대방의 행동을 효과적으로 통제할 수 있다. 사람들은 '가능성' 자체에 민감하다. 즉 '언젠가 내게 안 좋은 일이 닥칠지도 모른다'라는 막연한 공포는, 구체적인 벌이나 욕보다 더 큰 영향을 끼친다.

동시에 공포는 개인의 심리에 '혼란'을 초래한다. 자기 스스로 생각하고 결정할 여유를 앗아가고 '지금 내 처지가 어떻게 돌아가는 거지?'라는 불안감을 계속해서 자극한다. 이때 누군가가 "내가 해결책을 줄 수 있다"라고 말하면, 대부분의 사람은 본능적으로 그를 믿고 따르려 든다.

사람은 공포가 최고조에 달하면, 자존심이나 원칙 대신 '안정'을 찾게 된다.

물론 공포심 조장의 한계도 있다. 공포가 가져오는 복종 효과는 분명하지만, 공포(폭력적이건 정신적이건)가 너무 오래 지속되면 내성이 생기거나 반감이 폭발할 위험이 크다. 지속적인 공포 통치는 피지배자 내면에 깊은 적의를 쌓기 때문이다. 그러므로 공포를 조장할 때는 종종 혼란을 일으켜야 한다. 즉 벌을 가할 듯 말 듯 애매하게, 또는 극적인 시점에서만 가하는 방법을 쓰는 것이다.

그러면 사람들은 '어떻게 해야 안전한지' 알 수 없는 상태가 되며, 결국 '시키는 대로 복종하는 것'이 가장 이득이라는 결론에 이른다.

현대의 공포심 조장

공포가 정치나 전쟁만을 전유물로 삼는 것은 아니다. 일상에서도 공포를 통해 상대방을 조종할 수 있다. 상대방이 불안해하는 지점을 파악해 살짝 건드려 놓은 후 "내가 있다면 그 일이 벌어지지 않을 거야"라고 넌지시 암시하는 식이다.

다음은 어느 회사의 실제 사례이다.

『중소기업 영업부 K부장은 부하 직원들을 관리할 때 '일자리 불안'을 무기 삼았다. 그는 자주 "실적이 떨어지면 정리해고 대상이 될지 몰라"라는 말을 던졌다. 심지어 인사팀과 친분을 암시하며 "슬슬 누굴 내보낼지 고민이더라"라고 흘렸다. 이에 부하 직원들은 '자신이 잘릴 수도 있다'라는 두려움에 빠져 서로 눈치를 보며 경쟁적으로 일했다.

K부장은 겉으로는 부드럽게 대해주었지만, 누군가의 작은 실수에도 "이런 식이면 곤란하다"라고 말하며 불안감을 부추겼다. 그러면 부하 직원들은 벌벌 떨며 사과하기에 급급했다. K부장은 '공포가 최고의 동기부여'임을 확신했고, 공포심 조성으로 성과는 꽤 올랐지

만, 부하 직원들은 만성 스트레스에 시달렸다. 매주 불안감 속에서 과로하던 몇몇은 병가를 냈고, 신입들은 얼마 못 버티고 퇴사했다.

결국 인사팀 조사가 시작되었고, K부장이 근거 없는 해고 공포를 조성한 정황이 드러났다. 회사는 그를 징계하고 직원들에게 "그런 소문은 사실무근"이라 공표하며 진화에 나섰다. 직원들은 안도했지만 상당 기간 트라우마가 남았다.』

이 사례는 조직 내 권한자가 상대의 두려움을 의식적으로 유발하면, 사람들이 합리적 판단력을 잃고 복종하게 됨을 보여준다. 부하 직원들은 K부장의 말이 막연한 협박임을 알았으나, 공포 분위기 속에선 서로 단합해 대응하기보다 개별적으로 위축되었다.

일상 속 '작은 권력'도 공포를 조장하면, 인간적 신뢰와 협력이 깨지며 각자의 삶을 최우선으로 삼는다.

어떤 의미에서 공포는 '나에게 등을 돌리면 큰 화를 당한다'라는 메시지를 끊임없이 은연중에 되뇌게 만드는 장치다. 앞서 말한 한비자의 '신상필벌' 개념처럼, 사람들은 상(賞)보다 벌(罰)에 더 민감하고, 벌이 예상되면 무의식적으로 주어진 규범 안에 머물러 있게 된다.

그렇다면 공포를 통해 상대방이 나에게 의존하게 만드는 방법은 무엇일까? 앞의 사례 속 K부장과 연결해 설명하겠다. 부하 직원의 실수에 "이런 식이면 곤란하다"라고 말하는 것은 방어심만 부추길 수 있다. 그러니 '상상의 시나리오'를 던지는 방식이 효과적이다.

먼저 부하 직원에게 다음과 같이 말해보자.

"**만약 네가 준비를 제대로 못 해서 큰 손해를 보게 되면 어쩌지?**"

그러면 상대방은 혼란에 빠질 수밖에 없다. 이때 이렇게 말해보자.

"**그런데 내가 해결하는 방법을 알고 있어.**"

이런 식으로 당신이 '해결책'을 제시하면 상대는 두려움을 느꼈다가도 심리적 안정감을 찾게 되고, 결과적으로는 나에게 자신을 의존하게 된다.

그러나 이 방식을 사용할 때는 위험을 감수해야 한다. 공포를 남용하는 전략은 되돌아올 반작용도 강력하므로 조심해야 한다는 뜻이다. 즉 공포 조장으로 한순간에 상대방을 통제할 수는 있지만, 장기적으로는 대립이나 반격이 일어날 수 있다. 그러니 '짧고 임팩트' 있게 사용한 뒤, 곧장 다른 감정(안도나 보상)을 채워 주어 부정적 감정을 희석하는 편이 낫다.

그래도 단기간에 사람들을 움직이고 싶다면, 공포는 언제나 강력한 도구로 작동한다.

공포라고 해서 무조건 직접적인 폭력이 뒤따르는 것은 아니다. 더구나 현대의 복잡한 사회 구조에서 '공포심 조성'은 더 교묘한 방식으로 작동하며, 구체적인 폭력 없이도 '내 말에 따르지 않으면 무서운 일이 생긴다'라는 무형(無形)의 위협을 계속 가하고 있다. 이에 사람들은 '내가 잘못하면 큰일이 벌어지겠구나'라는 두려움 속에 스스로 굴복해 버린다.

마키아벨리가 《군주론》에서 강조한 것 중 하나는, 상대방을 제압하기 위해 때론 '기만적(欺瞞的)이고 교활한 행동이 필요하다'라는 것이다. 따라서 우리는 누군가가 내게 공포심을 조성하는 등 나를 이용하려고 하기 전에 미리 대응해야 한다. 이는 단순히 윤리 도덕적인 관점이 아닌, 나의 생존과 직결된 전략인 것이다.

공포가 사람을 순식간에 장악하게 만드는 건 사실이다. 하지만 상대방의 마음에 깊은 상처를 남기고, 불현듯이 폭발적인 반발을 불러일으킬 수도 있다. 공포는 마치 양날의 검과 같아서 현명하게 쓰지 않으면 언젠가 자신에게 되돌아오기도 한다.

<u>그러니 공포를 통한 지배보다는 혼란스러운 상황 속에서 살짝 '불안의 씨앗'을 뿌려 두고, 확실한 해결책을 제시하는 편이 상대방을 더욱 단단히 묶어 둘 수 있다.</u>

쉽게 말하면, 칼을 한 번 휘두르는 순간 모두가 공포에 떨지만, 그다음 순간엔 언제 그 칼이 다시 날아올지 노심초사하면서 나의 뒤를 노릴 수도 있다는 점을 잊지 않아야 한다.

• 죄책감 활용 •

죄책감은 심리적 올가미다

도덕적 정당성

인간은 언제나 '나는 옳다'라고 생각한다. 일, 인간관계 등 모든 것에서 자신의 행동은 잘못되지 않았으며, 스스로 도덕적이라고 믿는다. 그런데 여기에서의 잘못은 법적 기준이 아닌 개인의 '양심'에 의해 결정되는 것이기에 '옳고 그름'을 따지는 기준이 다르다. 따라서 사람들은 자신의 상황이나 감정에 따라 전혀 다른 판단을 내린다.

그렇다면 저마다 옳다고 믿는 도덕성의 근거는 무엇일까? '도덕 심리학(Moral Psychology)'에서는 "인간의 도덕성은 타고난 본성이다"라고 주장한다. 그러면서 "도덕성은 환경과 학습을 통해 강화되거나 왜곡될 수 있다"라고 덧붙인다. 즉 도덕성은 인간의 선천성과 후천성이 결합한 매우 복잡한 심리구조이다.

중요한 건, 인간은 '도덕적 정당성[14]'을 얻었을 때야 비로소 마음이 편안해진다.

그렇기에 아무리 사소한 일에도 '나는 옳은 일을 하고 있다'라고 자기규정(自己規定)을 하는 것이다. 그런데 이러한 인간의 심리를 역이용하면, 상대방을 압박하고 조종하는 강력한 무기를 얻을 수 있다. 상대방의 마음에 '죄책감'을 심어주는 것이다. 사람은 한 번 죄책감에 사로잡히면 감정 조절이 어려워지고 벗어나기가 쉽지 않다. '나는 옳다'라는 자기규정과 '나는 왜 잘못했을까'라는 고민 사

---

[14] 인간이 지켜야 할 도리나 올바른 행동 규범과 관련된 떳떳하고 정당한 성질이다.

이에서 끝없이 자책한다.

바로 이 지점에 '심리적 올가미'가 숨어 있다. 가령 당신이 상대방에게 '어떤 잘못을 저질렀다'라고 암시하면, 그 상대방은 자신을 옹호하는 본능과 동시에 '내가 정말 잘못했나? 나는 그런 사람인가?'라는 상충된 심리가 일어난다. 이런 양가감정에 빠진 사람이 불편한 상태를 벗어나기 위해 할 수 있는 건 둘 중 하나다.

첫째, 자신의 행동을 합리화한다.

사람은 죄책감을 느꼈을 때 '자기 합리화'로 자기 잘못을 정당화한다. 이는 심리학적으로 '인지 부조화(Cognitive Dissonance)' 때문이다. 즉 내가 믿는 가치와 실제 행동이 다를 때 거짓말하거나 책임을 회피하며 합리화하는 것이다. 그러나 자기 합리화는 그 순간만 편할 뿐, 한번 하게 되면 또 다른 자기 합리화를 해야만 한다. 결국 스스로 삶의 질을 낮추는 격이다. (반대로 '자기 객관화'를 한다면, 스스로 자신을 이해하고 상황을 개선시킬 수 있다.)

둘째, 상대방(가해자)의 요구에 순응한다.

도덕적 정당성에 집착하는 사람일수록 자존심과 열등감에 민감하며, 지나치게 타인을 의식한다. 결국 자신의 본모습을 잃은 채 상대방에게 구속된다.

이 두 가지 심리를 활용해서 관계의 주도권을 가질 수 있으며, '도덕'과 '윤리'라는 명분으로 상대방을 쥐어 잡을 수 있다. 이러한 기술은 직접적인 폭력 행사나 위협하는 것보다 더 깊숙이 상대방의 마음을 깊게 파고든다.

사실 폭력은 눈에 보이는 상처를 남기고, 그에 대한 반발도 분명하게 생긴다. 그러나 '윤리'와 '도덕'을 무기로 삼으면 상대방이 저항하려는 마음을 꺾을 수 있다. 즉 상대방이 스스로 '내가 잘못했구나'라고 자각(자책)하면, 죄책감은 쉽게 끊어지지 않는 질긴 밧줄이 되어 스스로를 옭아매는 것이다.

상대방이 죄책감을 보이면, 그 틈을 파고들어 목적을 달성할 수 있다.

죄책감의 문제

　죄책감은 자기 스스로 잘못되었거나 비도덕적인 것을 자각했을 때 유발된다. 그런데 죄책감을 느꼈다는 것 자체가 '책임감'이 있다는 증거다. 쉽게 풀어 말하면, 자신의 의무를 중요하게 여기는 것이 책임감이라면, 그 의무를 수행하는 과정에서 발생한 잘못에 대해 책임을 느끼는 감정이 죄책감이다.

　그런데 책임감에 기반한 죄책감이 과해지면 문제가 발생한다. 가령 직장인에게 휴직은 법적으로 보장된 권리이다. 육아나 병가, 개인사 등에 따라 얼마든지 휴직 신청을 할 수 있으며, 이는 특혜가 아닌 정당한 권리이다. 하지만 현실에서 막상 휴직 신청을 하려면 묘한 죄책감을 느끼게 된다. 왜 정당한 권리임을 알면서도 이런 심리적 압박감을 받는 것일까?

　심리학에서는 '인지 부조화(Cognitive Dissonance Theory) 이론'으로 설명한다. 사람은 자신의 태도와 행동이 일관되지 않고 모순될 때 심리적 불편함(인지 부조화)에 빠지는데, 이를 해결하기 위해 자신의 태도나 행동을 바꾼다는 것이다.

사람은 태도와 행동의 일관성을 추구하며, 그 일관성이 깨지면 다시 일관성을 회복하려고 한다.

다시 휴직 이야기로 돌아가면, 회사는 직원들에게 휴직이 당연한 권리라고 말하는 동시에 '휴직하면 회사가 어려워진다'라는 인식을 심어준다. 이렇게 모순되는 상황에서 직원들은 심리적 불편함을 느끼고, 결국 '휴직하지 않겠다'라고 결정한다. 겉으로는 직원이 스스로 결정한 것으로 보여도 회사가 직접적으로 휴직을 금지하지 않았을 뿐, 자신의 권리보다 회사의 기대를 선택한 것처럼 유도한 것이다.

사실 이런 모습은 우리의 일상에서 쉽게 찾아볼 수 있으며, 상당수의 사람은 자신을 희생하며 살아간다. 그러므로인지 부조화의 원리를 알아채고, 처한 상황에 맞게 자신의 태도나 행동을 바꾸는 것이 필요하다.

죄책감 활용 사례

　중국 역사 속 삼국시대를 다룬 〈삼국지〉에는 단순한 전쟁 이야기가 아닌 권력과 전략, 인물 간 충성과 배신, 갈등과 타협 등 다양한 이야기가 담겨있다. 삼국시대의 주역인 유비, 조조, 손권을 비롯해 제갈량, 관우, 장비 등 수많은 영웅호걸이 등장하는데, 이들 중 '자비롭지만 무자비한 영웅'으로 묘사되는 조조의 일화를 소개하겠다. 이를 통해 '도덕적 딜레마가 어떻게 무기가 될 수 있는지'를 알 수 있다.

　〈삼국지〉에서 천하 통일에 가장 근접했던 인물인 조조였지만, 삼국 시대가 시작될 무렵에는 역경과 기회를 동시에 마주하고 있었다. 그는 탁월한 군사적 재능을 갖고 있었으나 여러 군웅(群雄)에게는 그저 야심 찬 책략가로 보였기에 아무런 지원도 받지 못했다. 한 번은 전쟁 중 군량이 떨어져 매우 급박한 상황을 맞이했다. 군량 부족은 곧 전투력 저하로 직결되기에, 그는 반드시 이 문제를 해결해야 했다.

　그런데 마침 주변 촌락의 백성들이 곡식을 숨겨두었다

는 정보를 얻었다. 문제는 이 백성들이 조조의 편을 들어 군량을 제공하리라 장담할 수 없었다. 억지로 곡식을 빼앗으면 당장은 식량 문제를 해결할 수 있겠지만 '폭군'이라는 악명이 뒤따를 것이 뻔했다. 조조가 원하는 건 명분 있는 승리였지, 힘만 앞세운 약탈자가 아니었다.

조조는 백성들을 모아 놓고 다음과 같이 연설했다.

"<u>나는 이 땅을 지키고, 더 큰 혼란을 막고자 싸우고 있다. 그러나 이제 힘이 소진되어 너희가 도와주지 않으면 이 나라가 어찌 될지 모른다.</u>"

조조는 부드럽지만 교묘하게 '전쟁의 피해를 막기 위해 너희가 희생해야 한다'라는 메시지를 던졌다. 그러자 백성들은 '더 큰 비극을 막는 것이 옳다'라는 생각에 서슴없이 곡식을 내놓기 시작했다. 사실 조조는 백성들의 동정심과 죄책감을 동시에 자극한 것이다. 결국 '내가 곡식을 안 내주면, 더 큰 전쟁이 일어날까?' 하는 두려움과 '우리가 외면하면 무고한 사람들도 다친다'라는 죄책감이 백성들의 마음을 움직였다.

조조의 주목적은 군량 확보였다. 그러나 백성들이 자발적으로 협조하게 만든 과정 자체가 도덕과 윤리를 무기로 삼은 전형적 사례다. 만약 조조가 "내놓지 않으면 전부 불태우겠다"라며 무력을 내세웠다면, 백성들은 그에 맞서 싸웠을 수도 있다. 하지만 "너희가 정의롭다면, 지금 협력해야 한다"는 말은 백성들 스스로 '윤리적 증명'이 필요한 사람으로 몰아갔다.

그 결과, 백성들은 자기 손으로 곡식을 내놓고, 오히려 "우리는 옳은 일을 하고 있다"라고 자기 규정을 한 것이다.

이 일화가 주는 핵심은 다음과 같다.

'타인의 죄책감과 동정심을 어떻게 설계하고 통제할 것인가?'

조조가 정말로 백성들을 위했고, 전쟁을 빨리 끝내서 모두가 평화를 누리길 바랐을 수도 있다. 하지만 그보다 긴박했던 건 '내 군대가 굶주리면 끝장난다'는 현실이다. 그가 취한 전략은 폭력이 아니라 '도덕적 딜레마'를 심는 것이었다. 백성들에게 "너희가 선량한 사람이라면, 당연히 돕지 않겠느냐"라는 의무감을 부여해, 스스로 곡식을 바치지 않으면 '나쁜 사람'이 된다는 상황으로 몰아간 것이다.

  이런 심리 기법이 무서운 건, 사람들이 '왜 꼭 우리가 바쳐야 하지?'라는 본질적 질문을 잊어버린다는 것이다. 이미 죄책감과 동정심이 뇌리를 지배하기 시작하면, 이 생각의 틀이 너무 거대해져 버린다. 이후에는 '그래, 다들 힘든데 나도 도와야지'라는 결론이 거의 숙명처럼 받아들여진다. 그리고 막상 곡식을 내주고 나면, '내가 착한 일을 했다'라고 믿으며 자기 선택을 합리화한다.

  도덕적 딜레마가 빚어내는 '심리적 올가미'는 의외로 쉽고도 강력하게 작동한다.

욕망과 도덕의 경계

  윤리와 도덕을 무기로 삼는다는 건, 결코 거창한 기술이 아니다. 상대방을 죄책감에 빠뜨릴 수 있는 작은 말 한마디나, 동정심을 유발하는 짧은 상황 묘사만으로도 충분하다. 예컨대 누군가에게 "네가 그렇게 나오면, 모두가 피해 보지 않겠어?"라고 넌지시 말해 보라. 거기에 "솔직히 좀 실망이야. 나는 네가 더 나은 사람인 줄 알았는데" 같은 말을 곁들이면, 상대방은 마음 한편에 '나는 무책임한 사람인가?'라는 의심을 품게 된다.

만약 상대방이 한 번 죄책감에 빠지면, 관계는 새로운 역학 구도로 재편된다. 이제 그 사람은 죄책감을 해소하기 위해 더 많은 양보를 하거나, 당신의 제안을 쉽게 거절하지 못한다. 게다가 "거 봐, 난 네가 이 문제에 책임감을 느끼리라 믿었어"라고 말하면, 상대방은 자신의 도덕성을 지키기 위해 복종에 가까운 태도를 보일 가능성이 크다.

단, 이 방법은 장기적으로 양날의 검이 된다. 상대가 언젠가 '내가 이용당했다'라는 사실을 깨닫는 순간, 강한 반발이 돌아올 수 있다.

도덕을 무기로 써서 얻은 복종은, 진정한 동의나 신뢰와는 거리가 멀다.

언젠가는 '내가 당신에게 굴복했던 것은 진짜 내 의지가 아니었다'라는 후폭풍이 들이닥칠 수 있음을 감수해야 한다.

 윤리와 도덕을 앞세워 상대방의 죄책감과 동정심을 조종하는 전략은 눈에 보이는 협박보다 더 교묘하고 오래간다. 그렇지만 상대가 나를 '진정으로 존중한 결과'가 아니라 '내가 나쁜 사람이 되는 게 두려워서' 굴복하는 것이라면, 나중에 도화선 하나만 붙어도 반발이 심각하게 폭발할 수 있다.

 결국 목표가 단기적 성과냐, 아니면 장기적 안정이냐에 따라 이 전략의 가치를 판단하게 될 것이다. 만약 당장 나에게 필요한 것이 '즉각적인 협조'라면, 죄책감과 동정심을 적절히 설계하는 방식이 유효할 수 있다. 다만 이 모든 과정에서, 언젠가 돌아올 반동을 어떻게 감수하겠느냐는 질문은 늘 따라다닐 것이다.

Chapter 3

심리를 조작하는
5가지 기술

• 감정 교란 •

예측 불가능성을 선택하라

미치광이 전략

상상해 보자. 당신이 협상 테이블에 앉아 있는데 마주한 사람이 '핵 버튼'에 손을 얹고, 조용히 미소 지으며 바라본다면 어떤 기분이 들까? 아마 불안과 공포심을 느끼며 상대방을 '미친놈'이라고 생각할 것이다. 그런데 실제로 이런 사건이 있었다. 미국의 리처드 닉슨 전 대통령은 전 세계를 상대로 이런 장면을 연출하려 했다.

1969년 10월, 베트남 전쟁이 한창이던 당시, 닉슨은 비밀리에 '핵전쟁 경계령'을 내렸다. 동시에 닉슨 자신이 핵 버튼에 손을 올려놓고 있다는 소문도 퍼뜨렸다. 그는 참모들에게 이렇게 지시했다.

"내가 미쳤다고 믿게 만들어라. '저 사람은 진짜 핵 버튼을 누를지도 몰라'라고 느끼도록 말이다."

이것이 바로 '미치광이 전략(Madman Theory)'이다. 상대방에게 자신을 비이성적인 미치광이로 보이게 만들어 공포심을 조장한 후 협상에서 유리한 위치를 차지하는 것이다. 이 전략은 북한의 '벼랑 끝 전술(Brinkmanship)'과도 비슷한데, 둘 다 상대방에게 극단적인 압박을 가해 자신의 조건을 받아들이도록 만든다.

사람은 두려움이 깊어질수록 냉철한 판단 보다 '포기'나 '양보'를 선택하게 된다.

닉슨의 목적은 소련(현 러시아)을 압박해 북베트남과의 회담에서 유리한 고지를 차지하는 것이었다. 그는 자신이 핵무기를 쓰는 것에도 거리낌 없는 지도자로 보이길 원했다.

물론 진짜 핵전쟁을 하겠다는 생각은 없었다. 당시 여러 복잡한 정황상 무력행사나 외교적 수사로는 한계가 있었기에 '감정 교란'의 하나인 미치광이 전략을 선택한 것이다.

닉슨의 전략은 일정 부분 통했다. 당시 소련과 북베트남은 그가 '진짜 핵을 쓸 수 있다'라는 공포를 떨쳐내지 못했다. 닉슨과 닮은꼴이라는 미국의 트럼프 대통령이 현재 '미치광이 전략'을 펴는 건 우연의 일치일까? 참고로 닉슨과 트럼프는 1982년부터 11년간 편지를 주고받는 관계였다.

결국 '예측 불가능성'은, 어쩌면 가장 '예측 가능한 협상 무기'가 된 셈이다.

예측 불가능한 압박

'감정 교란'은 냉전 시기의 닉슨이나 현재 트럼프 정부처럼 거대한 무대에만 국한되지 않는다. 특히 범죄 수사

현장에서 자주 사용하는데, 경찰이 용의자를 심문하는 과정에서 쓰는 '전략적 증거 제시'가 대표적이다. 경찰은 용의자에게 '결정적 증거'를 한꺼번에 꺼내 놓지 않는다. 오히려 처음에는 용의자가 '거짓말할 기회'를 주고, 점점 모순점이 드러나면 숨겨둔 증거를 하나씩 제시한다.

그러면 용의자의 머릿속엔 하나의 의문이 맴돈다.

'대체 경찰은 어디까지 알고 있는 거지?'

용의자는 진술마다 자신이 '나락으로 떨어질 수 있다'라는 공포심을 느끼고, 결국 자백하게 된다.

때로 진실보다 더 무서운 것은 '알 수 없다는 불안감'이다.

감정 교란의 또 다른 무기는 '시간'이다. 용의자를 심문할 때 한밤중이나 새벽같이 '예측 불가능'한 시간으로 잡아 계속 교대로 불러내는 것이다. 인간은 '현실의 윤곽'을 시간으로 가늠한다. 즉 '지금이 몇 시인지, 며칠이 지났는지, 밤인지 낮인지' 등 시간에 대한 기준이 무너지면, 자신을 방어할 수 있는 정신적 에너지가 고갈된다. 마찬가지로 미국 CIA 매뉴얼에도 시계를 제거하거나 식사 시간을 바꿔 수감자의 시간 감각을 흐트러뜨리는 기술을 사용한다.

그럼 정리해 보자. '미치광이 전략'과 '예측 불가능한 압박'은 공통점이 있다. 상대방의 인지 기반, 특히 시간 감각과 통제감을 붕괴시키는 것이다. 그렇게 공포와 혼돈이 퍼지면 상대방은 '이성적 설득'이 아니라 '감정적 항복'을 택하게 된다. 우리는 "합리적인 말이면 모두가 이해하겠지"라고 믿지만, 역사는 끊임없이 반박한다.

진짜 결정은 이성이 아닌 '심리의 무너짐'에서 비롯할 때가 더 많기 때문이다.

메타 인지적 사고

그러면 반대로 당신이 '예측 불가능성' 전략을 상대해야 한다면, 취할 수 있는 방어법은 무엇일까? 바로 메타 인지(Meta 認知)적 사고를 활용하는 것이다. 메타인지란 '생각에 대한 생각'으로, 자신의 인지 과정을 이해하고 통제하는 고차원적 사고력이다. 즉 사람들은 절망적인 상태에 빠지면 부정적인 생각과 감정에 함몰되어 현실을 구분하지 못한다. 이를 활용해 현실과 생각을 분리하는 연습을 하는 것이다.

핵심은 '무엇'을 생각하는 것이 아닌, '어떻게' 생각하고 있는가를 자각하는 것이다.

가장 유용한 실전 대처법은 '현재 일어나는 일'과 '내가 믿는 세계관'을 분리하는 것이다. 왜냐하면, 예측 불가능한 상황을 두려워하는 주된 이유가 '감정적으로 몰입'하기 때문이다. 심리학자이자 《죽음의 수용소에서》의 저자인 빅터 프랭클(Viktor E. Frankl)은 나치 강제수용소에서 정신적 붕괴를 피할 수 있었던 비결에 대해 묻자 이렇게 대답했다.

"상황은 내 신체를 통제했지만, 내가 부여하는 '의미'까지는 통제하지 못했다."

즉, 자신의 처지가 아무리 극단적이라 해도 '판단하고 해석하는 권한'만큼은 누구도 빼앗을 수 없다는 뜻이다.

이를 실전 대처법에서는 이렇게 표현한다.

'이건 내 감정을 자극하는 장치일 뿐이다. 반응은 나중에 해도 늦지 않다.'

이 단순한 문장이 만들어내는 메타 인지는 뇌의 '전전두엽'을 다시 활성화시킨다. 우리는 갑작스러운 혼돈 속에서도 "이건 놀이의 규칙일 뿐, 진짜 내 인생 전체가 무너지는 건 아니다"라는 자기 객관화 능력을 되찾게 한다.

감정 교란 역이용

이번에는 일상에서 '감정 교란' 전략에 걸려들었을 때 이를 역이용하는 3가지 전략을 알려주겠다.

첫째, 상대방의 '시간 교란'을 역이용하라.
일반적으로 협상이나 중요한 대화에서 '압박'은 일부러 시간을 끌며 상대방의 긴장감을 높인다. 이때 협상이나 대화를 그들의 예상보다 빨리 끝낸다면, 오히려 상대방이 혼란에 빠진다. 예를 들어 당신이 "이야기는 여기까지면 충분한 것 같네요. 결정은 제가 곧 드리죠"라고 말하면서 '알 수 없는 여지'를 남긴 채 끝내면, '모든 걸 털어놓는 대화'를 예상했던 상대방은 자신의 예측 능력을 의심하게 된다. 의심은 곧 자멸(自滅)의 시작이다.

둘째, 상대방이 불쾌할 정도로 '차분하게' 행동하라.

상대방이 의도적으로 혼란과 예측 불가능성을 부각한다면, 당신은 일부러 느리게 말하고 차분하게 행동하라. 자기 예상대로 혼란에 휘말리지 않은 당신을 보며, 상대방은 당혹스러워할 것이다. 왜냐하면, 여기에서 '침착함'은 "당신이 내 감정 변화를 유도하려고 애써도 아무 소용이 없다. 나는 이 상황을 실험이라 생각하며 관찰 중이다"라는 메시지를 '리듬'으로 전달하는 것이기 때문이다.

셋째, '가짜 예측 불가능성'을 만들어라.

사람들은 누구나 정해진 습관이나 패턴은 다음에도 똑같이 일어날 것으로 생각한다. 이때 당신은 평소 습관(패턴)

을 깨뜨림으로써 상대방의 '예측 알고리즘'을 혼란에 빠뜨려라. 예를 들어 평소 5분 안에 답하던 사람이 감감무소식이다가 24시간 뒤에 '이건 다음 회의에서 다뤄요'라고 짧은 메시지를 보낸다면, 상대방은 궁금증과 동시에 '정보 통제권'을 잃은 기분이 들 것이다. 이렇게 정체를 알 수 없는 초조함이 쌓이면, 수세적인 입장에 몰리게 된다.

이 3가지 전략의 핵심은 상대방의 '리듬'을 지배하거나 무너뜨리는 것이다.

결국 감정 교란에 대한 방어나 역이용의 성공 여부는 '내가 그 혼란스러운 상황에서 벗어나 한 단계 위에서 바라볼 수 있는가?'에 달려 있다.

앞서 말한 '미치광이 전략'과 '예측 불가능한 압박'의 목적은 사람의 심리적 안전장치를 해제하는 것이다. 우리는 '이성(理性)만 지키면 뭐든 극복할 수 있다'라고 생각하지

만, 그 이성을 잠식시키는 가장 효과적인 방법이 '감정 교란'이다. 이는 정치, 경제, 사회 전 분야에 걸쳐 일어나는 문제이며, 개인의 일상생활에서도 끊임없이 이 문제에 부딪힌다.

만약 누군가가 당신의 감정을 뒤흔들고자 예측 불가능한 말과 행동을 한다면, '감정 교란 역이용' 기술을 사용할 수 있다. 그러나 그전에 자신에게 스스로 물어보라.

"이게 정말 나를 위한 선택일까? 이조차 상대방이 정한 '놀이 규칙'에 내가 끌려가는 걸까?"

이런 자문(自問)이 당신의 판단을 되살리고, 인지 격리를 다시 작동시키는 신호가 된다. 중요한 것은 '누가 게임의 규칙을 정의하느냐'이다. 상대방이 그 권한을 독점하도록 내버려두지 말라. 그것이 이 미치광이 같은 세상에서 당신이 무너지지 않고 버틸 수 있는 가장 '예측 불가능한' 힘이 될 테니까.

• 반사 투사 •

거울처럼 그대로 반사하라

당신이 신문(Interrogation)[15] 받는 상황이라고 가정하자. 수사관이 묻는다.

"네가 저지른 게 아니라, 누군가의 지시에 의한 범행이지?"

"피해자가 먼저 자극해서 어쩔 수 없었던 상황은 아니

---

[15] 신문(Interrogation)은 통제되는 조건에서 직접 질문하며, 심문(Inquiry)은 통제가 없는 임의적인 질문이다.

야?"

그 순간, 당신의 머릿속엔 묘한 안도감이 스친다. 하지만 그건 착각일 뿐, 수사관은 '리드(Reid) 기법'을 사용하는 중이다. 즉 당신의 심리를 뒤흔드는 투사(Projection) 기법을 활용해 자백을 유도하는 것이다.

리드 기법은 1950년대 존 리드(John E. Reid)가 개발한 신문 기법으로, 심리적 압박과 조작을 통해 용의자에게서 자백을 받아내는 데 매우 효과적이다. 총 9단계로 신문하는데, 핵심은 용의자를 이해해 주는 척하면서 '죄의 책임을 다른 곳으로 돌리도록 유도'하는 것이다.

가령 수사관이 "너만 괴로워하지 않아도 돼. 자백하기만 한다면"이란 메시지를 에둘러 전하면, 용의자는 마치 자기 죄의 무게가 덜어지는 듯한 느낌에 사건의 전말을 털어놓는다.

사람은 본능적으로 죄책감보다는 '정당화'를 택하고 싶어 하는 심리가 있다.

감정 교란의 역이용

'자신의 책임을 다른 사람에게 전가하는 것'은 투사의 전형적인 형태다. 이 기제(機制)를 치밀하고 전략적으로 활용하는 것이 리드 기법인 셈이다. 심리학에서는 이를 '투사 방어기제'라고 한다. 자신의 감정이나 욕구를 타인에게 돌리는 행위를 통해 자신을 방어하는 것이다. 이런 투사 방어기제는 직장, 가족, 친구 등 다양한 관계에서도 발생한다. 가령 성공한 친구를 욕하는 것은, 자신도 그 친구처럼 성공하고 싶은 심리가 반작용해서다.

투사는 '자신의 욕구를 상대방에게 씌우는 행위'라고도 설명할 수 있다.

'투사 전략'의 어두운 사례로 옴진리교 사건이 있다. 1995년 3월, 일본의 도쿄 지하철 3개 노선에서 옴진리교 신도들이 맹독가스인 사린(Sarin)을 살포해 많은 사상자를 낸 이 사건은, 단일 종교 단체가 저지른 범죄 중 가장 충격적인 사건으로 회자되고 있다. 그런데 특이한 것은 옴진리교의 최종 목표는 '국가 전복'이며, 이를 따르는 옴진리교 신도들은 결과를 위해서라면 수단과 방법을 가리지 않는다고 한다.

과연 이들은 무엇 때문에 이런 생각과 행동까지 하게 되었을까? 1984년 아사하라 쇼코가 설립한 옴진리교는 처음엔 요가와 명상 수련 등을 통해 일반인들의 관심을 얻었지만, 점차 교세가 확장되면서 사이비 종교로 변질되었다. 아사하라 교주는 자신을 부처, 예수, 시바(Siva)의 화신으로 자처하며, 자신만이 이 세계를 멸망으로부터 구하는 존재라고 주장했다.

1990년대 초 일본은 버블 붕괴 이후 오랜 경기 불황과 사회적 혼란 속에서 방황하던 사람들이 많았다. 바로 이 시기에 아사하라 교주는 자신을 따르는 신도들에게 "이 세계는 썩었고, 진실을 아는 우리는 곧 탄압당할 것이다"라고 말했다. 자신들을 '선택된 소수'이자 '박해받는 순교자'로 포장한 것이다. 이에 옴진리교 신도들은 줄곧 이렇게 믿어왔다.

"우리가 위험한 게 아니라, 세상이 위험하다."

"우리가 먼저 공격하지 않으면, 그들이 우리를 없앤다."

그러나 정작 '위험성'은 세계가 아닌 옴진리교 내부에 있었다. 교주의 편집증, 신도들의 광신(狂信)과 폭력성, 탈퇴한 신도들에 대한 무참한 살해까지. 옴진리교는 공포정치 그 자체였으며, 이 모든 것의 시초는 '내 안의 악'을 타인에게 돌리는 투사였다.

투사의 공통점은, '내가 아니라 네가 잘못되었다'라는 것이다.

투사의 그림자

앞에서 밝힌 '미치광이 전략'도, 지금 설명한 '리드 기법'과 '옴진리교 사건'도 공통점이 있다. 사람은 두려움을 느낄수록 '이성적 사고'가 아니라, '감정적 항복'을 선택한다는 것이다. 바로 이 점을 역이용하면, 상대방을 궁지에 몰기 위해선 그들에게 '내가 잘못한 것이 아니다'라고 느끼게 만들거나 '언제 돌변할지 모른다'라는 공포심을 심어주면 된다. 바로 이때 투사 전략이 핵심 무기가 된다.

내가 책임져야 할 죄나 폭력적 성향을 상대방에게 떠넘기면, 나는 오히려 '피해자'처럼 행동할 수 있다.

생각해 보라. 핵 버튼을 만지작거리며 웃는 대통령, 너를 탓하지 않으니 자백하라는 수사관, 먼저 공격하지 않으면 반대로 공격당한다는 사이비 교주. 이들은 자신의 '어두운 그림자'를 상대방에게 투사하고 있지 않은가? 모두 다 투사를 활용함으로써 상대방을 불안과 혼돈에 빠뜨린 것이다.

앞에서 짧게 언급한 것처럼, 투사는 우리 일상생활의 곳곳에서도 쉽게 벌어진다. 직장 내 갈등, 가족 간의 다툼, 친구와의 싸움 등 다양한 관계에서 우리는 수시로 투사되고, 투사한다. 이 문제를 해결하는 방법으로 '인지 격리(Cognitive Compartmentalization)'가 있다. 내가 처한 상황(상대가 가하는 공격)과 내가 정말로 믿는 가치관을 분리하는 것이다.

예컨대 상대방이 "넌 왜 이렇게 이기적이야!"라고 몰아세운다면, 곧바로 '내가 잘못했나?'라고 움츠러들지 말고, 이렇게 속으로 생각해 보자.

'지금 상대방이 자신의 불안을 내게 던지는 게 아닐까?'

이렇게 간단한 '메타 인식'만으로도 이게 정말 내 책임인지, 상대방이 투사한 '감정의 화살'인지를 구분할 수 있다. 이를 몰랐던 리드 기법에 당한 용의자들이나 옴진리교 신도들은, 상대방이 만든 프레임에 감정적으로 빨려 들어가 버린 것이다.

투사를 역이용하는 법

다음은 투사를 역이용해 상대방의 본심이나 약점을 알아내는 4가지 방법이다. 각 상황에서 쓸 수 있는 '활용 문장'을 제대로 숙지해 활용한다면 상대방의 투사 전략에서 벗어날 수 있다.

(1) 면죄부 프레이밍(Framing)
"난 네가 틀리지 않았다고 봐."
"그냥 상황이 안 좋았던 거잖아?"

"다 이해해 줄 테니 솔직하게 말해 봐."

이렇게 말하면, 상대방은 '자기 죄책감'을 덜어낸 상태가 되어 의외로 쉽게 입을 연다. 리드 기법도 이 원리를 적극 활용한다.

(2) 모호한 공격으로 진짜 마음 끌어내기

"그런 사람 싫어하는 편이지?"

"그렇게 행동하는 인간들, 정상은 아니겠지?"

이처럼 '명확한 대상'을 지목하지 않으면, 상대방은 마음에 꽂힌 무언가를 드러낸다. 자기 본심을 스스로 말하도록 유도하는 전략이다.

(3) 비교 프레임 조작

"대부분 이런 상황에서 화를 내기 마련이야."

"다들 자기 잘못이 아니라고 느끼곤 하잖아."

직접적으로 '네 잘못'이라 하지 않고, '대개 사람들은 이렇게 느낀다'라고 말하면, 상대방은 그 프레임에 자신을 투영한다. 그러고는 '그게 나구나'라고 인정하게 된다. 이는 설득, 마케팅, 대인관계 조작에 자주 쓰이는 기술이다.

(4) 역공, 또는 방어의 열쇠

'누가 게임의 규칙을 정하는가?'

당신이 협상 과정에서 정신적 에너지가 고갈될 때까지 압박당하거나, 밤낮 없이 계속 '네가 문제야!'란 말을 듣는다면 어떻게 될까? 결국엔 판단력을 잃고, 상대방의 프레임에 말려들게 된다. 그러면 이에 대해 어떻게 대응해야 할까?

먼저 '왜 내가 지금 이런 감정을 느끼게 됐는가?'를 돌아보는 것이다. 상대방이 정한 프레임에 그냥 끌려갈 것인지, 아니면 '이건 누가 만든 룰이지?'하고 한 걸음 떨어져 볼 것인지.

끝까지 자신에게 던져야 할 질문은, '이게 진짜 내 문제인가, 아니면 상대의 불안이 투사된 걸까?'이다.

우리는 자신도 모르는 사이에, 또는 악의적으로 상대방에게 자신의 감정을 떠넘기거나 주입받는다. 그래서 상대

방이 "난 널 탓하지 않아, 네가 한 게 아닐 거야"라고 다정하게 대해주면, 진실을 누설할 수도 있다. 반대로 "네 잘못이야"라고 날카로운 말을 듣게 되면, 때론 "내가 정말 그런가?"하고 자책하게 된다.

결국 게임의 관건은, '누가 이 게임의 규칙을 정의하는가', '게임 속에서 나 스스로 판단을 잃고 휘둘릴 것인가'를 계속해서 자각하는 것이다. 이런 자문들이 우리를 '감정의 함정'에서 한 발 빼내주는 시작점이 된다. 그리하여 자신의 감정을 잘 통제하고, '인지 격리'를 통해 한 단계 위에서 바라볼 수 있어야 한다.

투사의 본질은 '심리적 주도권'을 누가 쥐느냐에 달려 있다.

만약 누군가가 내게 감정을 투사하고 있다면, 절대 그들이 원하는 대로 반응하지 말자. 우리 삶은 자기도 모르게 거울을 깨뜨리고, 깨진 파편으로 서로를 상처 내며 사는 것과 같다. 따라서 그 거울을 거두고 '진짜 얼굴'을 마주한다면, 상대방이 만든 '게임 규칙'에 끌려다니지 않을 수 있다. 바로 그것이 미치광이 같은 이 세상에서 우리가 무너지지 않고 버틸 수 있는 강력한 '내면의 안전장치'가 되어 줄 것이다.

• 침투적 커뮤니케이션 •

질문하지 말고 암시하라

침투적 커뮤니케이션이란

세상의 어떤 무기보다 더 강력한 힘이 있다. 바로 말(言)이다. 그런데 말 중에서도 '강렬한 말'보다 큰 영향을 끼치는 건 뭔가를 '암시하는 말'이다. 무심코 흘리는 모호한 암시가 사람의 운명을 송두리째 바꿔놓기도 한다.

'꿈과 현실의 경계'를 다룬 〈인셉션(Inception)〉이란 영화가 있다. 인간의 무의식과 기억, 죄책감, 그리고 '꿈속의 꿈'이라는 독특한 설정으로 풀어나가는 이야기 속에는 단순한 대사가 아닌, 우리가 곱씹어볼 만한 철학적 메시지가 담겨 있다.

'상대가 스스로 생각해 낸 것처럼 만들어라. 그래야 받아들인다.'

주인공 코브는 타인의 꿈속에서 정보를 '추출'하는 전문가다. 그는 대기업 총수인 사이토로부터 '인셉션(inception)' 작업을 제안받는다. 지금껏 하던 작업과 반대로 상대방의 의식에 '새로운 생각(Concept)'을 심는 것이다. 인셉션 대상은 경쟁 기업 총수의 아들인 로버트 피셔였다. 코브는 피셔가 '특정한 결정'을 내리도록 '설득'해야 하는데, 직접 "네 아버지의 회사를 분할하라"라고 명령하면 반발할 뿐이었다.

결국 '꿈속의 꿈'을 설계하기로 하고, 피셔의 무의식 깊은 곳에 어린 시절의 '기억'을 배치해 그가 스스로 '아버지가 내게 바란 건 진정한 자유였구나'라고 느끼도록 만든다. 이후 깨어난 피셔는 '이건 내 결정'이라 착각하며 회사 분할을 결심한다. 이 영화는 '꿈을 통해 다른 사람의 무의식에 들어가면 자신이 원하는 생각을 심을 수 있다'라는 가설을 토대로 만들었는데, 실제로 인간은 꿈꾸고 있을 때 의식의 방어 수준이 낮아진다.

그러면 정말 타인의 꿈에 들어가 인셉션을 할 수 있을까? 현실적으론 불가능하지만, 마케팅 분야에선 무의식을 활용한 기법들이 활용되고 있다. 사람들은 누군가가 외부에서 주입한 생각이라면, 본능적으로 거부감을 느낀다. 더군다나 제품을 구매하려는 고객들은 노골적으로 드러내는 광고 활동에 거부감을 갖는다. 그러나 '이건 내가 스스로 떠올린 거야'라고 믿는 순간, 그 생각은 흔들림 없이 자리 잡는다.

이를테면 광고에서 '이 제품을 사라' 직접적인 언급을 하면 '뭐지? 나를 현혹하나?'라고 경계한다. 하지만 "많은 사람이 한결같이 이 제품을 좋게 평가하던데?"라고 넌지시 알리면 '나도 써볼까?'란 생각이 들고, 제품을 구매하는 행동으로 이어진다. 우리는 종종 '내가 원해서 샀다'라고 자부하지만, 사실 그 욕망이 어디에서부터 시작되었는지 되짚어 보면 외부에서 건네진 '암시'에 의한 것이 많다.

이처럼 직접 말하지 않고, 생각을 유도하는 것을 '침투적 커뮤니케이션'이라고 한다. 침투적 커뮤니케이션은 우리 일상 곳곳에 숨어 있으며, 관계를 조작할 때도 자주 쓰인다. 가령 "너 그 사람 좋아하지?"라고 직접 묻는 대신에 "그 사람이 요즘 너를 꽤 신경 쓰는 것 같더라. 별 뜻은 없을 수도 있고"라고 암시만 해도, 상대방 머릿속은 '무슨 뜻이지?'라는 의문으로 뒤덮인다. 그리고 자신의 감정 변화를 실제로 '만들어내기' 시작한다.

'바이러스(Virus)는 절대 죽지 않는다. 다만 사라질 뿐이다'란 말이 있다. 실제로 '때가 되면' 바이러스는 다시 발생하는데, 그만큼 기생(寄生)력이 강하다는 의미다. 여기에 이런 말을 더하고 싶다.

바이러스보다 강한 기생은 '아이디어'다. 그리고 가장 강한 아이디어는 '자기 것'이라고 믿는 아이디어다.

침투적 커뮤니케이션의 목적

영화 〈인셉션〉에 나오는 '꿈속의 꿈'은 영화적 설정일 뿐이다. 미래에는 모르겠으나 아직은 불가능하다. 그러나 인간의 심리 구조는 '다층적'이며, 다양한 심리적인 요인이 상호작용을 한다. 쉽게 설명하면, 겉으로는 '그러려니' 생각하지만, 무의식 깊은 곳에서는 다른 연결고리가 만들어진다. 그런데 '결론'을 내리는 순간에 본인은 그 과정을 자각하지 못한다. 즉, '그건 내 생각이야'라고 확신해도 어쩌면 누군가가 깔아놓은 배경 위를 걸어온 것일 수도 있다.

이쯤에서 이렇게 질문할 수 있다.

"정말 내 생각은 어디부터 어디까지가 '내 것'일까?"

이 질문은 고대부터 현대까지 시대를 막론하고 반복됐다. 셰익스피어의 시대나 21세기의 영화 속이나, 또는 지금 당신의 주변에서 벌어지는 광고와 선거 홍보 등 모든 것은 '나 스스로 결정했다'라고 믿게끔 만든다. 왜냐, 그것만큼 '강력한 설득'이 없기 때문이다.

다음은 침투적 커뮤니테이션을 활용한 3가지 사례이다.

(1) 취조실에서 쓰는 암시의 말

영화에 나오는 취조처럼 책상을 내리치거나 고함을 지르지 않아도 된다. '진짜 고수'는 말의 구조 속에 함정을 심는다. 가령 "우리 팀이 흥미로운 물건을 찾았는데…" 암시하는 말을 던지면, 용의자는 머릿속에서 '내가 숨긴 걸 찾았나? 어느 정도까지 드러난 거지?'라고 시뮬레이션을 시작한다.

이미 "물건을 찾았는데"란 말에는 "너와 관련된 물건이지?"라는 프레임이 깔려 있다. 게다가 취조관이 의미심장한 침묵과 고개 끄덕임을 반복하면, 용의자는 '다 알고 있구나' 착각하며 스스로 털어놓는다. 이것이 질문이 아닌 암시로 상대방을 유도하는 방법이다.

(2) 홍보(PR)의 침투 기술

정치인들은 결코 '실패'라는 말을 담지 않는다. "목표에는 살짝 못 미쳤지만, 중요한 교훈을 얻었다"라고 말한다. 마찬가지로 기업은 '실적 부진'을 이렇게 말한다.

"전년 대비 일시적 조정(調整) 국면으로, 성장 가능성은 유효하다."

사람들은 논리보다 '느낌'으로 판단한다. 그래서 직접 말하지 않아도 '그런가 보다' 하게 된다. 또한 숫자의 배치도 중요하다. '90%가 만족했다'보다 '열 명 중 아홉이 이미 선택했다'가 더 설득력 있다. 실제로 듣는 사람들은 '다들 그렇구나. 나도 그래야겠네'라고 생각한다. '사회적 증거 프레임'이 암시되기 때문이다.

(3) '네가 한 생각이야'라는 착각

침투적 커뮤니케이션 전략은 단 하나의 목적을 향한다. 바로 '상대가 자발적으로 판단했다는 착각을 하게 만드는 것.' 취조실에서는 자백을, 홍보실에서는 동조를, 정치판에서는 수긍을 유도한다. 하지만 그 결론은 진짜 내 것이 아닌 '유도된 자기결정'일 뿐이다. 가장 무서운 설득은 '내가 하고 싶어서 한 거야'라고 느끼게 만든다. 그 순간, 조작은 완성된다.

침투적 커뮤니케이션은 '자기 스스로 결론을 내리게 만드는' 과정에서 이루어진다.

침투적 커뮤니케이션 극복법

 그러면 침투적 커뮤니케이션 앞에서 무방비로 당하지 않으려면 어떻게 해야 할까? 기본적인 원리는 '의도를 해석하지 말고, 그대로 듣기만 하는 것'이다. 즉 상대방이 하는 말 이면에 깔린 맥락을 파고들지 않고, '말 그대로' 받아들이기만 하면 된다.
 다음은 조작에서 벗어나는 3가지 방법이다. 활용 문장과 함께 숙지한다면 상대방의 유도에 휘말리지 않을 것이다.

첫째, 말을 '해석'하지 말고, '문장'으로만 본다.
 "그는 왜 그렇게 말했지?" 조작을 시도하는 질문이다. 이렇게 생각하라.
 '이건 단지 저 사람의 문장이야. 그런 문장 하나로 난 아무것도 결론 내지 않아.'
 연상 작용이 일어나기 전에 의미를 잘라낼 수 있다.

둘째, '진짜 내 생각인가'라고 끊임없이 점검한다.

〈인셉션〉의 코브처럼 당신도 '토템(Totem)'[16] 하나는 지니고 있어야 한다.

'내가 지금 내리는 판단이 진짜 내 결론인가?'

'아니면 누군가의 암시를 내가 정리한 게 아닌가?'

이런 질문들이 당신의 인식 조작에서 벗어나는 방어막이다.

셋째, 중립을 가장한 질문에 속지 않는다.

"그 사람, 평소랑 좀 다르지 않아?"

"어디서 들은 얘기인데, 꺼림칙하대."

"그 상황이 진짜 실수일까?"

이런 질문은 당신의 판단을 유도하는 프레임이다. 게다가 질문한 사람은 책임이 없다. 오로지 당신만 판단하고, 당신만 감정에 물든다. 그러고는 '그건 내 판단이야'라고 착각한다. 그러니 이런 질문의 유도에 넘어가지 않도록 해야 한다.

---

[16] 코브는 팽이를 토템으로 사용하는데 '넘어지면 현실, 계속 돌면 꿈'이라고 믿는다. 이는 곧 '자기 확신'의 상징이다.

침투적 커뮤니케이션 기술을 익힌다고 해서 꼭 부정적인 목적으로 쓰이는 것은 아니다. 예컨대 협상할 때 상대방의 긴장을 풀어주기 위해 암시를 쓰거나, 복잡한 상황에서 직접적인 설득보다는 '상대가 결론을 내리도록' 돕는 방식은 긍정적인 면도 있다. 물론 그 경계가 모호해지면, 어느새 조작과 조종이 되어버린다.

따라서 중요한 건 '도덕적 자의식'이다. 당신이 이 기술을 깊이 알수록, 남을 함부로 조종하려는 유혹에 빠질 수 있다는 사실도 함께 인지해야 한다.

상대방이 스스로 느끼고, 자발적으로 선택했다고 믿게 만들어라.

이것이 모든 심리 조작의 궁극적 목표다. 그리고 우리는 그 매혹적 함정 앞에서 자신을 지키기 위해 끊임없이 깨어 있어야 한다. 바로 그 자각이 '암시의 시대'에서 흔들리지 않고 살아남는 가장 강력한 방패이기 때문이다.

· 조작 정보 확산 ·

나쁜 소식은 천천히 퍼뜨려라

보일링 프로그 전략

당신이 어떤 기업의 내부 고발자가 되어 모두가 알기 꺼리는 '불편한 진실'을 세상에 알리려 한다고 가정하자. 아마 당신은 이런 고민을 할 것이다.

'이걸 한 번에 폭로하면 큰 파장을 일으킬까, 아니면 조금씩 드러내야 더 효과적일까?'

역사 속 여러 조직은 '나쁜 소식은 서서히 퍼뜨려야 타격이 극대화된다'라는 교훈을 현실에서 직접 보여줬다. 1950~60년대, 미국 담배 회사들은 연구를 통해 이미 흡연이 폐암을 유발한다는 사실을 알고도, 수십 년간 그 사실을 나눠서 조금씩만 공개했다. 처음엔 '명확한 인과관계가 없다'라고 오리발을 내밀었고, 증거가 쌓이자 '위험이 조금 있기는 하다'면서 물러섰다.

그런데 결정적 한 방은 1990년대에 나왔다. 담배 회사의 내부 문건이 법정에서 공개되자 '니코틴 중독성과 유해성을 오래전부터 알고도 숨겼다'라는 사실이 드러난 것이다. 만약 한꺼번에 이 사실 밝혀졌다면, 담배 회사들은 일찌감치 잘못을 사과했을지도 모른다. 하지만 오래 걸쳐 반복된 '단계적 폭로'는 담배업계 전반의 신뢰를 완전히 무너뜨리는 결과를 낳았다.

소비자들이 매번 충격을 받고, 분노를 재생산하는 동안 담배 회사들의 이미지는 회복 불가능한 수준으로 곤두박질쳤다. 이는 '짧고 굵은 타격보다 길고 끈질긴 폭로가 훨씬 더 치명적'임을 보여준 사례였다.

이탈리아의 사상가 마키아벨리는 "백성에게 피해를 줄

일은 한꺼번에 해치우고, 은혜는 천천히 나눠줘라"라고 조언했다. 즉 나쁜 일은 빠르게 끝내서 저항을 줄이고, 좋은 일은 천천히 베풀어 효과를 극대화하라는 뜻이다. 그러나 역사 속 여러 권위주의 정권은 이 원칙을 정면으로 뒤집어서 사용했다.

예컨대 언론 자유를 박탈할 때도 처음부터 전 매체를 폐간하지 않았다. 처음엔 신문사 한두 곳을 없앴고, 다음엔 방송국을 통제했으며, 이후 인터넷 포털을 검열하는 식이었다. 이렇게 되면 국민으로서는 매번 '내 일이 아니네'라며 지나치다가, 어느 순간 표현의 자유가 송두리째 사라져 버린다.

한꺼번에 모든 자유를 빼앗으면 큰 반발이 터져 나온다. 그러나 조금씩 단계를 밟으면 매번 항의할 힘이 줄어든다.

이것이 바로 '보일링 프로그(Boiling Frog)'라 불리는 전술이다. 개구리를 갑자기 끓는 물에 넣으면 바로 뛰쳐나오지만, 미지근한 물에 넣고 천천히 끓이면 위험을 인지하지 못한 채 익어 죽는다는 전제가 깔려 있다.

'나쁜 소식은 천천히' 원칙

그렇다면 나쁜 소식이 천천히 퍼질수록 왜 치명적인가? 어쩌면 '나쁜 일은 재빨리 끝내야 반발이 적을 텐데, 왜 굳이 나눠 퍼뜨리나?' 하고 의아해할 수도 있다. 그러나 현실은 교묘하다. 다음 사례를 들며 구체적으로 설명하겠다.

1960년대 냉전 시절, 소련(현 러시아) 정보기관 KGB는 적대국에 불리한 소문을 퍼뜨릴 때 대규모로 한 번에 투하하는 대신 작은 신문 기사 하나로 시작했다. 예컨대 '에이즈 음모론'은 1983년 인도의 이름 없는 언론에 "미국이 에이즈 바이러스를 만들었다"라는 작은 보도를 싣게 했다. 당시엔 거의 주목받지 못했으나 아직 그 기록이 남아 있다.

이후 동독(현 통일 독일)의 한 학자가 이 기사를 인용해 "인도 언론에 따르면…"이라 언급하며 논문을 발표했고, 또 다른 친소(親蘇) 국가의 매체들이 이를 다시 받아쓰면서 몇 달 뒤에는 수많은 사람들이 '어쩌면 정말 미국이 에이즈를 만든 걸지도 모른다'라는 의심을 품게 되었다. 마침내 1987년 무렵엔 전 세계 언론에서도 이 음모론을 언급하기 시작했다. 거짓 정보가 마치 여러 출처에서 동시에 올라온 '사실'처럼 보이게 된 것이다.

만약 KGB가 이 뉴스를 단번에 전 세계 신문에 띄웠다면, 언론과 대중은 "이거 출처가 이상한데?" 하고 금세 의심했을지 모른다. 그러나 작은 불씨를 여러 달, 여러 해에 걸쳐 서서히 확산시키는 전략을 택함으로써, 오히려 "진짜일지도 모른다"라는 인식을 널리 퍼뜨렸다. 이것이 '나쁜 소식을 천천히 퍼뜨린다'는 원칙의 또 다른 형태다.

현대 기업들도 이 전략을 자주 활용한다. 언론이 한 주를 가장 바쁘게 달리는 것은 주초부터 목요일까지다. 그래서 기업들은 금요일 오후에 꺼리는 발표를 슬쩍 내놓곤 한다. 흔히 '프라이데이 뉴스 덤프(Friday News Dump)'라 불리는 방식이다. 또한 미국 정치권에서도 민감한 인사나 수사 결과 발표를 이런 식으로 금요일에 흘리는 경향이 있으며, 기자들은 "결국 또 금요일에 조용히 묻어버린다"라고 비판한다.

정치인들도 선거를 앞둔 상황에서 여러 차례에 걸쳐 단계적 사과를 한다. 처음엔 "그런 적 없다"라고 딱 잡아떼다가 추가 증거가 나오면 "기억이 잘 안 난다, 경솔했다" 정도로 한발 물러서고, 여론이 더 악화해서야 자기 잘못을 시인하며, 최종적으로 사과한다. 그 사이 시점마다 분노가 터져 나오지만, 치명적인 타격을 한 번에 입지는 않는다.

'나쁜 정보'를 여러 번 나눠서 공개하면 비난을 분산시키고, 시간도 벌어 이슈를 희석할 수 있다.

누가 규칙을 주도하는가

이 세상은 여전히 '나쁜 소식은 천천히 퍼뜨려라'라는 교묘한 원칙에 따라 움직인다. 그렇다면 우리는 어떻게 이에 맞서고 방어할 수 있을까? 다음 3가지 핵심 전략을 살펴보자.

(1) 인지 단계 분리

하나의 정보가 들어온다고 해서 곧바로 전체를 믿지 않는다. 먼저 해당 정보가 '사실 정보'인지, '해석이 덧입혀진 정보'인지, '목적 없이 감정 전염만 노리는 정보'인지 구분해 본다.

"이 얘기는 검증할 수 있는 데이터인가?"

"이건 누군가의 감정적 해석인가?"

"단순 비방 목적으로 확산되는 소문인가?"

이렇게 '정보의 성격'을 분류하면 감정적 동요가 덜해진다. 우리는 '정보를 먼저 나누면 감정도 나뉜다'라는 원리를 기억해야 한다. 한꺼번에 모든 걸 받아들이면 마음도 요동치지만, 단계를 쪼개어 살피면 혼란을 크게 줄일 수 있다.

(2) 정보 확산 역추적 기법

대개 소문이나 나쁜 뉴스가 번질 때, 우리는 그 내용 자체에만 휘둘린다. 그러나 처음 이 이야기를 꺼낸 사람이 누구인지를 추적하는 태도가 중요하다.

"이 불씨를 놓은 손은 누구인가?"

"적극적으로 유포한 사람은 누구인가?"

"묵묵히 알고 있으면서도 침묵한 사람은 누구인가?"

거짓 정보든, 은밀한 비난이든, 누가 처음에 던졌는지를 알면 배후 의도를 파악할 수 있다. 이것은 곧 '불을 끄기보다, 불을 지른 사람을 찾아내는 방식'과 같다.

(3) 이야기 주어를 지우는 술책에 속지 말라

누군가가 "나는 잘 모르겠는데, 그런 얘기가 있대"라든가, "사람들이 다 그 사람을 꺼린다더라"라고 말할 때, 주어가 사라졌다면 의심부터 해야 한다. 이는 대표적인 조작 기법이다.

"뭐, 그냥 들은 얘기라 정확진 않지만…"

"어디서 들은 거긴 한데, 분명 뭔가 이상하대."

이렇게 문장 속 주어를 지우면, 그 정보가 마치 공기처럼 떠돌게 되며 반박이 어려워진다. 언뜻 보면 '사회 분위기'가 되어버려 누구의 책임인지 알 수 없게 만든다.

결국 중요한 건 '누가 게임의 규칙을 주도하는가?'이다.

가짜 뉴스든, 은밀한 폭로든, 또는 나쁜 정보를 천천히 흘리는 전략이든, 그 이면에는 항상 '누가 심리적 주도권을 쥐고 있는가'라는 문제가 나온다. 여기서 우리가 할 수 있는 가장 강력한 방어는 '이 규칙을 누가 만들었지?'라는 질문을 던지는 것이다. 정보가 느리게, 단계적으로 흘러나올 때마다 그 패턴을 인지하고, 앞서 언급한 인지 단계 분리를 실행해 보는 것이다.

"이건 단순한 소문인가, 검증된 데이터인가?"

"이 의혹을 처음 흘린 사람은 누구인가?"

"주어가 지워진 문장으로 '공기처럼' 퍼뜨리려는 의도는 없는가?"

이런 질문들 자체가 '나쁜 소식'을 천천히 퍼뜨리는 쪽이 의도한 심리적 프레임에서 벗어나는 첫걸음이다.

다시 말하지만, 나쁜 소식이 천천히, 조금씩, 여러 출처를 통해 번져나갈 때, 우리는 더 큰 위기를 맞는다. 사람이 가짜 정보를 믿게 되는 과정, 권위주의 정권이 나라 전

체를 장악하는 과정, 기업이 불리한 발표를 분산해 묻어버리는 과정이 모두 그렇다. 하지만 조용히 스며드는 흐름을 눈치채는 순간, 역으로 그 흐름을 '차단'할 힘도 생긴다.

천천히 퍼지는 독이 더 위험하다는 사실을 명심하라.

그러니 '냄비 안 개구리'가 된 듯 현실 감각을 잃지 말고, "지금 이 물의 온도가 누가, 왜 올리고 있는가?"를 자문해야 한다. 나쁜 소식이 한꺼번에 터질 때 우리는 즉각 저항하지만, 천천히 퍼지는 소식 앞에는 방심하기 쉽다. 그러나 그때야말로 경계심을 늦춰선 안 된다. 누군가가 만든 프레임 속에서 내 판단이 흐려지지 않도록, 정보의 본질과 출처를 끊임없이 추적해야 한다.

이게 바로, '나쁜 소식은 천천히 퍼뜨려라'라는 조작 논리에 맞서는 가장 강력한 대비책이다. 결국, 조금씩 다가오는 어둠을 제때 감지하고, 자신의 인지 능력을 지키는 사람만이 진실과 거짓이 뒤섞인 세계에서 흔들리지 않고 살아남을 수 있다.

• 대상의 고립화 •

혼란스럽게 만들어라

인간 삭제 프로그램

현대 사회에서 많은 사람들이 겪는 문제 중 하나가 '심리적 고립감'이다. 직장이나 가정에서, 사회생활 속 인간관계에서 마치 나 자신이 삭제된 듯한 고립감은 내면의 깊은 고통을 동반한다.

당신은 아직 살아 있다. 하지만 아무도 당신을 믿지 않는다. 당신의 남편(아내)은 당신을 의심하고, 친구는 어느 순간 모두 사라진다. 직장에선 웃음소리가 줄고, 모두가 당신의 뒷모습을 본 척하지 않는다. 당신은 체포된 적도 없고, 판결을 받은 적도 없다. 하지만 지금 당신은 모든 사회적 지도에서 지워지고 있다.

과거 악명 높았던 동독의 비밀경찰 슈타지(STASI)의 '인간 삭제 프로그램'은 총알 한 발 없이 사람을 부숴놓는 작전이었다. 그들의 목표는 간단했다. '반체제 인사를 죽이지 않고, 스스로 무너지게 할 것.' 이 프로그램은 우리가 일반적으로 상상할 수 있는 범위를 넘어 매우 교묘하고 잔혹했다.

슈타지는 표적이 된 인물의 인간관계부터 공격했다. 이들이 활용한 '인간 삭제' 3단계를 소개한다. 이를 통해 어떤 상황에 놓이면 스스로 무너지는지를 살펴보자.

[1단계] 가정 파괴 : 사랑을 의심으로 오염시켜라

"당신 남편이 다른 여자랑 모텔에서 나오는 걸 봤어요."

익명의 편지가 집으로 날아온다. 배우자는 조용히 의심하고, 침묵 속에 둘은 점점 멀어진다. 증거는 없다. 하지만 감정은 무너진다. 애정은 의심 앞에서 가장 먼저 침몰한다. 결국 '사랑'이라는 피난처가 붕괴한다.

[2단계] 직장 내 신뢰 제거 : 험담 유포로 고립시켜라

"그 사람이 요즘 상사 욕하고 다닌다더라."

표적 인물의 직장 동료들에게 '비밀스럽게' 퍼뜨리는 말들로 분위기가 바뀐다. 회의에서 말이 끊기고, 업무 공유에서 제외된다. 커피 타임에도 불려가지 않는다. 말 한마디 없지만, 모두가 당신을 향해 '조용한 적대감'을 공유한다.

[3단계] 사회적 고립 : 자녀까지 고립시켜라

"이 아이의 부모는 반국가 활동을 했습니다."

표적 인물의 자녀가 다니는 학교로 익명의 투서가 간다. 학교는 주시하고, 아이의 친구들은 점점 사라진다. 아이조차 더 이상 집으로 돌아오고 싶어 하지 않는다. 그 아이는 말한다.

"엄마, 학교에서 아무도 나와 안 놀아요."

결국 그 엄마는 이혼을 하고, 정신병원에 실려 간다.

당신은 구속되지 않았지만, 당신의 '사회적 생명'은 체계적으로 말라 죽는다. 가족도, 직장도, 자녀도, 친구도 사라진다. 사람은 도망칠 곳이 없을 때 자기 자신을 공격하기 시작한다. 그리고 그 순간 슈타지는 단 한 발의 총알 없이 한 사람을 무너뜨리는 데 성공한다.

'심리적 고립'이 정말 무서운 이유는 '자기 자신'을 스스로 공격하기 때문이다.

사람은 '사회적 동물'이다. 그렇기에 주변으로부터 완전히 고립될 때 본능적으로 자기 자신에게 의문을 품기 시작한다. '내가 문제가 있어서 이런 대우를 받는 걸까?', '어디서부터 잘못된 거지?' 이렇게 끊임없이 자책하고, 절망감이 커진다. 그리고 그 순간, 단 한 발의 총알 없이도 한 사람을 무너뜨릴 수 있다. 이는 신체 고문보다도 더 교묘하고, 자취조차 남기지 않는다.

심리적 고립의 핵심

앞에서 살펴본 '인간 삭제 프로그램'처럼 상대방을 '고립화'시키는 것은 물리적 감금이나 폭력 없이 그 사람 자체를 철저하게 파괴할 수 있다. 그러나 모든 공격에는 약점이 있다. 자기 스스로 해석하는 것이다. '지금 이 감정이 진짜인가?'라는 자문을 통해 누군가가 의도적으로 내 감정을 흔들기 위해 소문과 왜곡, 정보 과잉을 던졌다면, 이를 그대로 믿지 말자.

내가 확인하지 않은 사실은 잠시 보류하라.
감정은 사실이 아닌 뇌가 상황을 해석한 결과물이다.

'심리적 고립'의 핵심은 '사람들이 나를 싫어한다'라는 감정에서 시작된다. 하지만 감정은 종종 인위적으로 유도된 것이다. 이를 극복하기 위해서는 정보와 감정을 분리하는 훈련이 필요하다. 다음 4가지를 살펴보자.

(1) 가짜 감정 의심하기

'내가 지금 느끼는 두려움과 배신감이 정말 사실 기반인가? 아니면 누군가 의도적으로 부추긴 결과인가?'

이렇게 자신에게 질문을 던지는 것만으로도 감정에 대한 맹신(盲信)을 한 박자 늦출 수 있다.

(2) 지각 오류 깨닫기

'모두 다 내게 등을 돌린 것 같지만, 실제로 몇몇은 아무 상관 없을 수도 있어.'

'단지 지금 내 눈에만 그렇게 보이는 건 아닐까?'

사람은 자신이 불안할 때마다 '부정적인 증거'만 확대 해석한다. 이럴 때는 '그럴 수도 있다'라며 한 번 의심해 보는 것 자체가 전전두엽을 깨워준다.

(3) 현실 재확인하기

'정말 나를 무시하는 걸까? 나 스스로 거리를 두는 건 아닐까?'

당신이 사실 관계를 직접 확인해 본다. 가령 대화를 시도하거나 작은 호의 표현을 건네보는 식이다. 착각이었음을 알게 되면, 심리적 고립감이 쉽게 허물어질 수도 있다.

심리적 고립화 활용

이번에는 반대로 상대방을 심리적 고립화시키는 기술을 알려주겠다. 이런 기법을 배운다고 해서 반드시 악용해야 한다는 뜻이 아니다. 오히려 '어떤 작전이, 어떻게 작동하는지 알면' 역으로 그 함정에서 빠져나오기도 쉬워서다. 인간관계나 비즈니스 협상에서 교묘하게 쓸 수 있는 '심리 고립화 기술 3가지'를 함께 살펴보자.

(1) 가짜 연대감 후 갑작스럽게 외면하기

[**방법**] 처음엔 상대방에게 의도적으로 다정하게 다가간다. 친밀감과 연대감을 형성해 상대방이 '이 사람은 내 편이구나'라고 믿게 만든다. 그러다가 별 이유 없이 연락을 끊거나, 상대방의 존재를 '투명 인간' 취급한다. 상대방은 '도대체 내가 뭘 잘못했기에'라는 자책과 함께 단순한 소외가 아닌 '배신당했다'라는 느낌을 받는다.

[효과] 상대방은 '나에게 문제가 있는 건가?'라는 자기 불신을 유발한다. 외로움이 현실 이상으로 깊어져 정상적 관계 회복조차 스스로 포기하게 된다.

[예시] 카톡 대화를 친밀하게 이어가다가, 어느 날 갑자기 '읽씹(읽고 무시)'을 반복한다. 회사 회식 등 단체 모임에서 평소에 늘 챙겨주다가, 어느 순간 슬쩍 빠져 상대방 혼자 남긴다. 만약 상대방이 질문하면 "그건 네가 알아서 생각해야지"라며 책임을 떠넘기듯 말한다.

(2) 중간자를 가장한 착시 조작하기

[방법] 모두가 날 싫어하는 듯 보이는 게 핵심이다. A와 B 사이에서 중간자(제삼자) 역할을 하는 척한다. 가령 A에게 "B가 너 좀 부담스러워하더라"라고 흘리고, B에게는 또 다른 말을 흘린다. 아무도 직접 확인하지 못하게 하면서, 각자에게 '너 때문에 곤란하다'라는 느낌을 전한다.

[효과] A와 B는 '나 혼자만 문제'라는 편집증을 강화한다. 거짓과 진실을 직접 대면하기 전에 이미 상대방 스스로 '나는 문제 있는 사람인가 보다'라고 받아들인다. 결국 관계에서 도망치듯 멀어지게 된다.

[예시] "내가 중간이라 참 애매한데, 그 친구가 너에 대해 좀 불편함을 표하더라.", "분위기 보니까 네가 좀 과했다는 얘기가 많던데? 물론 난 잘 몰라." 이런 식으로 말하면 듣는 사람은 점점 자기 검열이 심해지고, 모두가 자신을 싫어한다고 믿는다.

(3) 의미 없는 정보 과잉 투하하기

[방법] 상대방을 판단 불능 상태로 몰아넣는 게 중요하다. 상대방이 상황을 알아보려 하고, 갈등의 본질을 파악해 해결을 시도할 때, 그 주변에 상충하는 정보들을 무작위로 던진다. "저 사람은 널 좋아하긴 하는데, 어떤 땐 불편하다고도 했다더라. 어제 누군가는 네가 오히려 피해자라고 하더라." 이렇게 모순된 말들을 쏟아낸다. 그러면 상대방은 뭐가 진실인지 모르겠다는 피로와 혼란을 느끼고, 결국 포기한다.

[효과] 상대방은 '어차피 알 수 없구나'라는 체념이 생기며, 관계 복원을 시도하지 않는다. 불신과 혼돈이 커져 혼자서만 끙끙 앓거나 모든 인간관계를 닫아버린다.

[예시]: "걔가 너한테 호감 있다고도 했는데, 또 누군가

한테는 별로라고도 했다네. 근데 사실 나도 여러 소리를 들어서 뭐가 뭔지 모르겠어." 딱 하나의 중요한 진실(사실은 '좋아한다'라거나 '그저 오해')만 끝까지 감춘다. 사람은 스스로 판단을 내려야 하는데, 정보가 엉켜 있으면 해석을 포기하고 내면에 틀어박힌다.

'심리 고립화 기술'을 주고받는 상황에서 소문의 출처가 불분명하거나, 상충하는 정보가 쏟아진다면 "확인되지 않았으니 일단 기다리겠다"라는 태도가 중요하다. 당황해서 결론지으려 하면, 더 깊은 함정에 빠진다. 대인관계는 본질적으로 상호적이다.

정말 모든 사람이 나를 미워한다면, 분명 그 증거가 '직접적인 행동'으로 드러난다.

만약 근거가 '그냥 느낌'이나 '누가 그렇게 말하더라' 수준에 머무른다면, 조작 가능성을 의심해 볼 필요가 있다. "지켜보겠다"라는 선언은 적극적 반격이 아닐 수 있지만, 최소한 상대가 던지는 불확실성을 그대로 수용하지 않고,

"나는 좀 더 본다"라고 말하는 정도의 주도권을 행사하는 것이다. 급히 원인을 찾으려 하기보다, 조금 길게 상황을 관찰한다.

 누구나 한 번쯤은 '세상이 나를 밀어내는 것 같다'라는 외로움에 빠질 수 있다. 그러나 그 외로움이 무조건 현실을 반영하는 것은 아니다. 특히 '슈타지'처럼 의도적 전략이 들어갔다면, 대부분의 사람은 자기 자신을 감옥에 가둔다. 가정이 깨지고, 직장에서 소외되고, 자녀조차 외면할 때 '나는 끝났다'라고 느끼지만, 어디에서도 항변할 길이 없다.
 그런데도 "나는 지금 이걸 느끼지만, 그게 곧 진실은 아닐 수도 있다"라고 선언하는 작은 용기가 중요하다. 자신을 한 발 떨어져 보며, 주변의 정보나 감정을 모두 믿지 않고 일단 '보류'하는 태도만으로도 고립화의 여파를 최소화할 수 있다.

고립의 공포를 이기려면, 일정 거리를 두고 '감정의 진실성'을 바라봐야 한다.

결국 고립의 가장 큰 힘은 '내가 이미 혼자라고 스스로 믿어버리는 순간' 발휘된다. 따라서 그 믿음에 휩쓸리지 않는 것이 자신을 구해낼 수 있는 첫 단추다. 가족도, 친구도, 직장도 모호해진 상황에서 적어도 '자기 내면의 판단권'을 유지하면 길이 열린다.

슈타지의 '인간 삭제 프로그램'이 추구한 최고의 승리는 '나는 아무 가치도 없는 존재'라고 스스로 믿게 만드는 것이다. 이러한 싸움에서 지지 않으려면, 반드시 '감정과 정보가 진짜인지'를 끝까지 따져 묻는 자세가 필요하다. 이것이 심리적 고립화 전략이 찾아왔을 때, 우리를 지켜줄 마지막 안전핀이 될 것이다.

Chapter 4

신뢰를 가장한
심리 함정

• 계산된 조작 •

애매한 약속은 경계하라

세상에 공짜는 없다

정직해 보이는 말이 '진짜 정직'이 아닐 수 있다. 약속을 지킨다고 해서 반드시 '신뢰'를 의미하는 것도 아니다. 중요한 것은 '무엇'을 위해 약속했는가이다. 이를 모르고, 대부분의 사람은 약속의 내용에만 집중하는데, 바로 그 순간에 진짜 위험이 다가온다. 이와 관련된 사례를 소개한다.

영화 〈대부〉의 오프닝은 두 남자의 은밀한 대화로 시작한다. 보나세라라는 남자가 '대부(돈 콜레오네)'를 찾아와 부탁하는데, 그는 자신의 딸을 때리고 강간한 두 남자에 대한 복수를 원했다. 보나세라가 대부에게 부탁한 이유는 하나다. 그가 '법보다 강한 사람'이기에. 법은 솜방망이 처벌에 불과했고, 보나세라는 충격보다 모욕감을 먼저 느꼈다.

보나세라는 대부에게 "자신이 정의(正義)를 얻을 수 있도록 도와달라"라고 간청한다. 이에 콜레오네는 고개를 끄덕이지만, 명확한 대답은 하지 않는다. 그리고 한마디 덧붙인다.

"언젠가 내가 부탁을 하나 할 수도 있네."

며칠 뒤 두 남자는 응징당한다. 그렇게 사건이 끝났고, 시간이 흐르던 어느 날, 보나세라는 대부의 호출을 받는다. 그런데 이번에는 콜레오네가 어려운 부탁을 한다. 보나세라는 감히 거절하지 못한다. 어떻게 거절하겠는가? 콜레오네가 언급한 '언젠가의 부탁'은 이미 지금을 위해 준비된 것이었다.

세상에 '공짜 정의'는 없다. 그날 보나세라가 받은 건 정의가 아닌 '의무'였으며, 콜레오네는 빚을 천천히, 그리고 반드시 거둔다. 흔히 '세상에 공짜는 없다'라고 말한다. 한마디 덧붙이면, 공짜를 좋아해서 당신이 얻는 이득은 아무 것도 없다는 사실이다.

공짜를 쫓다가는 조종자들의 교묘한 덫에 빠지기 쉬우며, 결국엔 탈이 난다.

지금 누군가가 조건 없이 당신을 돕고 있다면, 그건 아주 높은 확률로 당신에게 바라는 게 있어서다. 예외도 있겠지만 지극히 극소수다. 예외를 기준 삼아서 대다수가 그럴 거라 믿지 말라.

이번에는 일상에서 우리가 충분히 겪을만한 사례다. 평범한 중년 가장인 P에게 월가 출신이라는 한 남자가 접근한다. 그는 처음부터 파격적인 제안을 하지 않았다. '큰돈을 벌자'라는 말이 아닌 '한 달에 5% 정도, 무리하지 않는 수준에서…'란 말로 P는 경계심을 내려놓고 소액을 맡겼다. 그리고나서 한 달 후, 계좌에는 정확히 5%의 수익이 찍혀 있었다.

다음 달, 남자는 말한다. "이번엔 시장이 좋아서 6% 드렸습니다." 겸손하고 정직해 보였다. 박 씨는 안심했고, 다음 달엔 투자금을 늘렸다. 그리고 그다음 달엔 주변 사람들에게 소개까지 했다. "이 사람, 욕심 안 부리고 약속 지켜." 그렇게 몇 달 동안 수익은 꾸준히 쌓였고, 신뢰도 함께 쌓였다. 과연 이렇게 '해피엔딩'일까? 예상했겠지만, 이 남자는 연락 두절이 됐고, P의 투자금은 물론 주변인들의 돈까지 모두 사라졌다.

처음엔 소액으로 시작하지만, 차츰 돈이 쌓이는 순간 사라지는 것은 전형적인 사기수법이다.

그런데도 '왜 속았는지'를 따져보니 그 남자는 단 한 번도 허황된 말을 하지 않았고, 약속도 항상 '지킬 수 있을 만큼만' 했다. 그래서 더 믿을 수 있었다.

사기꾼들은 '모호하지만, 합리적인 제안'으로 경계심을 낮추고, 작은 성공을 반복해 신뢰를 확보한다.

사기꾼들은 이 순서를 정확히 계산해 움직인다.
[현실적인 약속 ➜ 실행 ➜ 방심 ➜ 손실]
우리가 다시 한번 기억해야 할 교훈은 "정직해 보인다

고 해서 모두 '진짜 정직'은 아니다"라는 것이다. P의 사례로 연결해 말하면, 다음에 누군가가 "이번엔 시장이 좋아서 6% 드렸습니다"라고 말한다면, 먼저 이렇게 자문해 보라.

<u>'이건 신뢰를 위한 퍼포먼스인가, 아니면 진짜 거래인가?'</u>

〈대부〉의 콜레오네는 '언젠가'를 남겼고, 자칭 월가 출신의 사기꾼은 '5% 정도'라고 말했다. 진짜 위험은 그 약속이 '언제, 어떻게, 왜' 실행되었느냐에 따라 다가온다. <u>만약 모호한 말에 면밀한 실행이 따라붙었다면, 그건 조작된 말과 계산된 약속일 가능성이 높다.</u>

빚진 마음 역이용

'진짜 정직'을 구분하기 어려운 것처럼 여러 교묘한 방식들이 있다. 가령 아무런 약속이 없었는데도 '정말 필요한 순간'에 우연처럼 도움을 주는 사람은 '빚진 마음'을 만들기 위해 타이밍을 연기한다. 그런 도움은 선물이 아니라 장기 포획을 위한 낚시일 수 있다. 그러므로 약속의 크기보다 그것이 실행되는 시점과 맥락, 그리고 의도를 기억하라.

이 원리를 역으로 활용한 심리 기술 3가지를 소개하겠다.

(1) 기억에 남는 건 타이밍이다. ➜ 명확한 이행보다 '극적인 순간'을 설계하라.

사람은 꾸준한 도움보다 딱 한 번, '절박할 때'의 도움에 더 큰 감사를 느낀다. 상대방이 위험에 처할 때까지 기다렸다가 위기의 순간에 작게 돕는다. 그 도움은 크지 않아도 기억은 깊게 남는다. 이후 상대방은 심리적으로 빚졌다고 느끼게 된다.

"나중에 필요하면 또 말하세요."

이 한마디로 '기회 타이밍'만 보면 되는 '심리 채무자'를 만든다.

(2) 작게 주고 오래 묶는다. ➜ 소박한 약속을 실현해 '신뢰의 장기 포지션'을 만든다.

처음부터 큰소리는 치지 말고, 일부러 목표를 내건다.

"한 달에 5%면 충분하죠."

"이 정도만 해도 성공입니다."

"도움이라 할 것까진 없어요."

이렇게 작은 약속을 반복적으로 지켜주면, 상대방은 '믿어도 되는 사람'이라는 환상을 만든다. 그 순간부터 상대방은 '도덕적 계약서'를 쓰지 않아도 충성을 다하게 된다.

(3) 도움을 준다는 착각에 빠지게 하라. ➔ 상대방이 '내가 먼저 부탁했다'라는 인식을 갖게 만든다.

당신이 선심을 베푼 게 아니라, 상대방 스스로 부탁한 것으로 착각하게끔 만드는 것이 핵심이다.

"그건 제가 먼저 도와드릴 순 없고요. 필요하시면 말씀주세요."

"저는 도와드릴 입장은 아니지만, 제가 할 수 있는 게 있다면~"

이렇게 거절과 허용 사이의 '회색 지대'를 만들어서 상대방이 먼저 다가오게 유도한다. 그러면 상대방은 '내가 부탁했고, 저 사람은 도와줬다'라는 인식을 강하게 내면화한다. 결과적으로 '관계의 주도권'은 항상 당신이 잡게 된다.

누군가가 당신에게 끊임없는 호의를 베푼다면 잊지 말라. 그것은 당신이 '선택할 수 없는 순간'이 천천히 다가오고 있다는 뜻이다.

• 피해자 프레임 •

피해자 행세를 구별하라

피해자 사고 방식

당신은 '피해자는 약자'라는 말에 대해 어떻게 생각하는가. 만약 당신이 어느 정도 사회 생활과 세상이 돌아가는 걸 관찰 해왔다면 '답'을 알 것이고, 아직 경험이 적다면 '그게 왜?'라는 생각이 들 것이다. 정말 교묘한 수법 중 하나가 실전 상황에서 '피해자 역할'을 잘하는 이들이다. 흔히 '피해자 코스프레'라고 말하지만, 여론전으로 갈 때 자연스럽게 무리는 '강자'보다는 '약자'에게 동조하기 마련이다.

그뿐만 아니라 실생활에서 누군가는 그 틈을 노려 당신에게 빚을 지웠다고 말하고, 혹은 당신이 동의하지 않은 계약을 강제하며, 죄책감과 의무감으로 움직이게 만들지도 모른다.

니체는 《도덕의 계보》에서 다음과 같이 말했다.

사람들은 때로 도덕을 개목걸이처럼 활용해 남을 조종한다. "그건 옳지 않아"라는 말 한마디가 당신의 손발을 묶고, 가해자와 피해자의 위치를 재빠르게 고정시킨다. 특히 '피해자 행세'를 하는 이는, 자신이 빚진 것이나 스스로 내린 동의를 모른 척하거나 왜곡한다. 그리고 그 대가를 당신에게 지불하라고 강요한다.

당신 주변에 늘 도움을 청하면서도, 정작 조언은 듣지 않는 사람이 있는가? 그들은 "내 사정이 얼마나 힘든지 알아?"라며 하소연은 하되, 어떠한 변화도 시도하지 않는다.

'피해자 사고방식'을 가진 사람은 대체로 다음과 같은 특징을 보인다.

① 외부를 탓한다: 불행의 원인을 타인이나 환경에만 돌린다.

② 과거에 집착한다: 오래전 상처를 계속 떠올리며, 지금의 멈춤을 정당화한다.

③ 무수한 핑계를 댄다: 새로운 방법을 알려줘도 "나는 못 해"라며 자신을 한계 짓는다.

④ 끝없는 불만: 현재 삶에 만족하지 못하면서도 바꾸려 하지 않는다.

⑤ 조종 의도: 자기연민을 무기로 상대방의 동정심이나 죄책감을 유발한다.

⑥ 수동적 태도: 결정적 순간에도 행동하지 않아 곤경에 처하지만, 책임은 지지 않는다.

⑦ 자존감이 낮다: 그러나 그 열등감을 '나는 피해자'라는 방패로 숨긴다.

⑧ 함께 있으면 지친다: 주변 사람들에게 에너지를 빨아들이고, 해법 대신 한탄만 되풀이한다.

⑨ 자신을 믿지 않는다: 그 불신을 타인에게 투사해, 결국 관계 자체를 무너뜨린다.

⑩ 드라마 속 주연: 문제가 생기면 언제나 본인은 '당하는 쪽'이라고 주장한다.

이들은 '세상이 나에게 빚을 졌다'라고 믿는다. 누군가가 '보상해 주길, 구해주길' 기다리지만, 실제론 자기 몫을 타인이 대신 해주길 바라는 경우가 많다.

피해자 행세 함정

니체는 정의에 대해 '피해자가 잃은 것을 되돌려주는 것'이라고 설명한다. 이는 마치 '빚을 갚는' 개념이다. 그런데 현실에선 누가 진짜 피해자이며, 누가 빚진 쪽인지가 애매해질 때가 많다. 여기서 중요한 기준은 '당신이 동의했는가?'이다. 만약 동의하지 않았는데도 상대방이 당신을 이용했다면, 그것은 '진짜 피해'다. 반면 스스로 동의하고, 뒤늦게 "나는 피해자야!"라고 외치는 건 다른 문제다.

바로 이 지점에서 '숨은 계약(Covert Contract)' 개념이 등장한다. 어떤 사람이 일방적으로 기대를 걸어놓고(스스로 동의해 놓고), 훗날 그 기대가 충족되지 않는 순간 갑자기 "넌 날 배신했어!"라고 공격하는 방식이다. 다음 사례를 살펴보자.

J라는 여성이 있다. 남편에게 버림받은 J는 자녀들을 키우며 결심한다. "내가 모든 걸 희생할 테니, 너희는 나를 떠나면 안 돼!" 그러나 아이들은 그런 계약에 동의한 적이 없다. 이건 엄마가 혼자서 정한 조건이기 때문이다. 시간이 지나 아이 중 한 명이 독립하려 하면, J는 "나는 널 위해 다 해줬는데 넌 날 버리네?"라고 죄책감을 심는다.

더 나아가 다른 아들에게 "네 동생이 날 어떻게 배신했는지 아니?"라며 동정심을 유발하고, 동시에 동생에 대한 혐오감을 조장한다. 이 모습은 진짜 피해자일까? 아니면 스스로 동의한(숨은 계약) 삶을 뒤늦게 자기가 당했다고 말하는 것일까?

피해자 행세를 하는 사람이 쓰는 무기는 크게 두 갈래다.

(1) 의무감과 죄책감

"넌 내게 빚을 졌어. 왜냐하면 네가 동의한 거잖아(사실은 동의하지 않았지만)." 혹은 "내가 이렇게까지 했는데, 어떻게 날 그냥 버릴 수 있어?"

이는 상대방에게 무언의 빚을 씌워, 갚아야 한다는 압박을 준다.

(2) 동정심과 혐오감

"난 동의하지 않았는데, 저 사람은 날 이용했어!"라고 외쳐서 주변으로부터 동정표를 얻고, 동시에 상대방에게는 혐오를 덧씌운다. 그래서 "저 사람은 나쁜 사람"이고, "난 불쌍한 피해자"라는 프레임이 굳어진다. 이 무기의 공통 목적은 '구원자'를 얻는 것이다. 즉 나를 도울 사람, 나 대신 상황을 해결해 줄 사람을 찾는다. 그러면서 진정한 자율적 변화는 하지 않는다.

'진짜 피해자'는 동의 없이 이용당한 사람이다.

그러나 누군가가 '피해자 프레임'을 씌워서 당신에게 빚을 지웠다고 우기는 상황일 수도 있다. 예를 들어 '네가 허락한 일이잖아?'라며 현실과 다른 해석을 강제한다. '너도 내게 뭔가 해줘야 해!'라며 의무와 죄책감을 떠넘긴다. '사람들이 다 너를 비난해!'라며 공포와 고립감을 부추긴다.

숨은 계약의 함정

만약 당신이 앞에서 설명한 압박에 시달리고 있다면, 그건 당신이 아니라 상대방이 스스로 만든 '숨은 계약'일 가능성이 높다. '피해자 행세' 함정은 눈에 보이지 않는다. 경찰서나 법정에 가지도 않는다. 하지만 빚진 기분, 죄책감, 동정심, 혐오감 등이 엉켜서 사람을 조종한다. 과연 어떻게 벗어날 수 있을까? 동의는 구체적이어야 한다. 아이나 보호받아야 할 상대방에게는 일방적 기대를 걸지 않는다.

서로가 '원하는 것'과 '줄 수 있는 것'을 분명히 밝히고, 서로 동의하는 과정을 거친다.

'숨은 계약'을 의심하라 '내가 이런 대가를 요구받는 게, 과연 내가 진짜 동의했던 결과인가?, 상대방이 일방적으로 정한 약속은 아닌가? 책임 소재를 명확히 구분하라. 상대가 "내가 이렇게 힘든 건 네 탓이야"라고 할 때, 정말 그럴 만한 명확한 근거가 있는지 살펴본다. 과거 상처나 불행을 이유로 상대에게 모든 책임을 떠넘기는 태도는, 결국 조종일 가능성이 높다.

중요한 건 경계를 설정하는 것이다. "그건 내 몫이 아니니 대신 해결해 줄 수 없어"라고 말할 줄 아는 것. 상대가 죄책감을 유발하더라도, 나의 책임 범위를 지키는 훈련이 필요하다. 하지만 알고 있다. 당신이 용기를 내서 "내 몫이 아니니까 내게 책임이 없어"라고 말하는 순간, 상대는 더 강력하게 나올 것이라는 걸 우리는 초반부 원고에서 읽어봤기에 한 번 학습한 상황이라 당신도 알고 있을 것이다.

당신이 '그건 내 몫이 아니야'라고 말하는 순간, 조종자는 마지막 카드를 꺼낸다. '자기 파괴형' 협박이다.

"너마저 나를 버리면 난 무너져."

"나는 항상 너만 믿었는데…"

"그런 식이면 나 같은 사람은 살아 뭐하냐."

이런 말에 흔들린다면, 당신은 다시 끌려들어간다. 죄책감은 관계를 회복시키는 힘이기도 하지만, 누군가에게는 사람을 가두는 족쇄로 사용된다. 그럴 때 필요한 건, 마지막 질문 하나다.

'내가 이 사람을 떠나면, 정말 이 사람이 무너질까?'
'아니면 무너지는 척을 통해 날 다시 붙잡으려는 걸까?'

자기 파괴적 언행은 책임 회피의 또 다른 방식이다. 당신을 이용해서 자기 감정의 쓰레기통을 만들려는 전략일 수 있다. 도와줄 수 있는 건 "나의 몫 안에서만" 해야 한다. 그 선을 지키는 것조차 거부당한다면, 그 관계는 이미 사랑이 아니라 인질극이다.

이를 벗어날 수 있는 강력한 문장 3가지를 소개하겠다.

첫째, 상대의 고통은 내가 해결해 줄 문제가 아니다.

(공감은 줄 수 있어도, 책임까지 떠맡을 의무는 없다.)

둘째, 내가 준 적 없는 빚에 대해 죄책감을 느낄 필요는 없다.

(누군가 '기대'했을 뿐이지, '합의'된 적은 없다.)

셋째, 거절은 공격이 아니라, 나를 지키는 최소한의 권리다.

(상대가 분노하든 무너지든, 그건 내 책임이 아니다.)

정말로 도움이 필요한 사람이라면 '대신 해결'이 아니라 스스로 해결할 수 있는 힘을 키워야 한다. 어떤 문제를 극복하려면, 스스로 노력해야 한다는 사실을 잊지 말라.

니체는 도덕을 빚에 비유했지만, 그 빚이 언제나 정당하게 설정되는 것은 아니다. 누군가 '피해자'라는 타이틀로 당신에게 빚을 청구할 때, 그게 정말 동의의 결과인지, 아니면 '숨은 계약'의 착각인지 스스로 물어야 한다. 반대로, 당신이 스스로를 끊임없이 '피해자'라고 여기고 있다면, 그 근거가 얼마나 구체적이고 진실한지 살펴볼 필요가 있다.

내 자아를 인질극 삼아 상대를 조종할 것인가?
상대의 연민을 못 이겨 자발적으로 묶일 것인가?
아니면 족쇄를 풀고 당신의 경계를 지킬 것인가?

'진짜 피해'라면 정당한 보상이 필요하다. 하지만 피해자 행세로 얻게 되는 건 참된 해결이 아니다. 결국 '명확한 동의'와 '자율적 책임'이야말로 우리를 왜곡된 빚 관계에서 벗어나게 해줄 열쇠다. 지금, 그 열쇠를 손에 취할 준비가 되었는가? 그건 당신의 선택에 달려있다.

・ 의도적 방해 ・

의도적으로 실패하는 이유

영화 〈배트맨〉 속 악명 높은 범죄자 조커는 배트맨에게 스스로 잡혀 경찰서 유치장에 갇혔다. '도시를 공포에 떨게 한 광인이 이렇게 쉽게 체포되다니….' 모두가 의아해했다. 반면 경찰청장은 배트맨의 승리를 기뻐했고, 교도관들 역시 안심하며 잠시 긴장을 풀었다. 그러나 배트맨은 무언가 불안한 예감에 휩싸였다.

한밤중 유치장 안 조커는 입가에 미소를 띠고 있었다. 그 순간 갑자기 경찰서 전체의 조명이 나가더니 '쾅'하는 폭발음이 울렸다. 혼란 속에서 조커는 미리 감춰둔 폭약으로 유치장 문을 날려버리고 유유히 걸어 나왔다. 그는 동료들이 일부러 체포당해 안에 들여놓은 폭탄을 스마트폰으로 터트린 것이다.

조커는 경찰들을 하나하나 제압하며 웃음을 터뜨렸다.

"내가 계획이 없을 것이라고 생각했나? 이게 다 계획의 일부야!"

조커는 처음부터 일부러 체포되어 내부를 교란하려는 속셈이었다. 유치장에서 배트맨과 대면하여 동료들을 구출할 시간을 벌고, 동시에 경찰의 대응을 무력화했다. 그의 광기 어린 행동 뒤에는 치밀한 계산이 숨어 있었던 것이다.

조커가 탈옥하며 남긴 한마디는 뼈아프게 남았다.

"난 미치광이가 아니야. 단지 한 수 앞을 내다봤을 뿐."

모두가 그의 광기에 취해 안심한 사이, 조커는 의도적 패배를 연출함으로써 상대방의 경계를 허물고, 자신의 승리를 쟁취했다.

의도적인 패배 사례

조커의 '의도적 패배'는 극적인 연출을 위한 영화적 요소라 생각할 수 있다. 그렇다면 현실에서는 어떤 일이 벌어질 수 있을까? 몇 가지 일화를 살펴보겠다.

한 중소기업 대표가 대기업과 협상 자리에 나왔다. 대기업 쪽 팀장은 자료를 쏟아내며 자신들의 조건을 밀어붙였다. 중소기업 대표는 머쓱한 웃음을 지으며 이렇게 말했다.

"죄송합니다. 제가 협상을 잘 몰라서… 다들 이렇게 어려운 용어를 쓰시네요."

"용어도 헷갈리고, 절차도 잘 이해가 안 돼서… 혹시 조금 쉽게 설명해 주실 수 있을까요?"

대기업 팀장은 그를 '순진한 중소기업 사장'쯤으로 여겼다. 그런데 설명하면 할수록 오히려 대기업 측의 내부 정보와 급한 사정이 노출되었다. 결국 상대방은 스스로 제약사항을 고백하기 시작했고, 제안 가격의 마지노선도 털어놓았다.

며칠 뒤, 재협상 자리에 나온 중소기업 대표는 정확히

'상대가 포기할 수 없는 지점'에 가격을 제시했다. 이때는 더 이상 '잘 몰라서' 같은 태도가 아니었다.

"지난번에 친절하게 잘 설명해 주셔서, 저도 많이 배웠습니다. 그래서 이 조건 아니면 저희도 포기하려 합니다."

대기업 팀장은 뒤늦게야 '협상에 서툰 줄 알았던 그 태도'가 사실은 함정이었다는 걸 깨달았다. 하지만 이미 모든 내부 정보를 스스로 노출해 버린 상황. 결국 대기업은 대표가 요구한 조건을 수용하고 말았다.

'무지'를 연기하며 상대방을 방심하게 한 후 정보를 캐내고, 주도권을 빼앗은 것이다.

한 지역 등산 동호회가 있었다. 동호회장은 큰소리 잘 치는 사람이었고, 회원들에게 업무 분담도 엄하게 시켰다. 그런데 새로운 회원 A가 가입해 자꾸만 회장의 지시를 잊어버리거나 놓치곤 했다. A는 이렇게 말했다.

"죄송해요, 제가 너무 소심해서 이런 역할이 부담스러워요."

"회장님이 시키는 대로 따르려고 해도 잘못할까 봐 겁

이 나요."

그러자 회장은 '저 친구는 마음이 약하구먼'이라 생각하며 A를 대수롭지 않게 봤다. 그래서 점차 A에게 중요한 일을 맡기지 않았고, 자신이 직접 처리하느라 바빴다. 하지만 그러면서도 대외적으론 "우리 동호회는 공평하게 운영된다"라고 홍보했다. 이 '공평'을 입증하기 위해 다른 회원들에게만은 무리한 부탁을 할 수 없었고, 결국 자잘한 일들을 모두 회장이 혼자 떠맡는 기형적 구조가 만들어졌다.

두어 달 후, 회장은 지쳐서 동호회 운영을 포기하고 싶어 했다. 그때 A가 나서면서 은근히 다른 회원들을 설득하기 시작했다.

"회장님이 정말 열심히 하셨는데, 제가 힘이 안 돼 드려 죄송해요. 그래도 더 많은 분이 '부담 없이 참여할 수 있는' 분위기를 원하셨잖아요? 그럼 차라리 회장님은 쉬시고, 제가 분위기 메이커 역할이라도 해볼까요?"

회원들은 '회장 독단에 피곤했다'라는 불만이 있었고, 소심해 보이지만 오히려 편안한 이미지를 가진 A에게 동조했다. 그렇게 A는 '의도하지 않은 척' 동호회 중심으로 떠올랐다.

겉으로 '소심하다'라는 이미지를 이용해 회장이 스스로 지치도록 만들고, 자연스럽게 리더십을 흡수한 사례다.

의도한 패배 역이용법

의도적인 패배 연출의 핵심 의도는 '무력감'을 조작해서 주도권을 빼앗는 일을 말한다. 이 조작은 피해자의 '능력'을 마비시키지 않는다. '시도할 의지'를 꺾는다. 당신은 시도하지만, 번번이 실패한다. 옆에 있는 사람은 늘 말한다.

"너무 욕심내지 마."

"너는 그런 쪽이 아닌 것 같아."

"이번에도 잘 안되면, 다음엔 포기하자."

처음엔 걱정처럼 들린다. 하지만 반복되면, 그 말이 현실이 된다. 조작이 시작되는 순간의 핵심 패턴은 다음과 같다.

> 시도하게 만든다. ➡ 실패하게 만든다. ➡ 위로한다. ➡ 낙인찍는다. ➡ 주도권을 빼앗는다.

"넌 잘했어, 근데 원래 힘든 일이야."

"너 같은 성향은 그쪽이 안 맞아."

이런 말들로 '대신 해준다'라는 건 '스스로 할 수 없다'라는 확신을 만든다. 반복적 보호가 자율성 파괴로 전환된다. 자주 실패하게 하되 탈출구는 숨긴다. 선택권이 없는 상황에 반복적으로 노출되게 한다. 이 무력감은 '진짜 능력'을 가린다.

심지어 시간이 지나면, 조작하지 않아도 피해자 스스로가 자신을 '무능'이라 규정한다. "나는 그냥 그런 사람이다." 이렇게 스스로에게 낙인을 찍은 사람은 더 이상 외부 조작이 필요 없다. 그는 이미 내면화된 감옥에 갇힌 셈이다.

이에 대한 해결책은 '패자의 맥락을 재구성'하는 것이다. 즉 '지나치게 쉽게 무너진 자'가 진짜 망했는지, 아니면 더 큰 이득을 위해 잠시 손해를 감수했는지를 구체적으로 추적해야 한다. 시간 순서대로 '손해➔이득'의 흐름을 살펴보고, 혹시 막후 동맹이나 정보 독점을 통해 차기 국면을 준비하는 건 아닌지 의심하라.

이 원리를 더 구체화시켜 역으로 활용할 수 있는 심리 기술 3가지를 소개하겠다.

(1) 은밀한 조종

"난 몰라요, 난 빠질게요"라면서 표면적 책임을 피하지만, 결정적 프레임·정보·방향을 던져 결과를 통제하는 지배술이다.

(2) 패자의 막후 동맹

상대방에게 "당신 이겼다"며 승리감을 주어 방심시키고, 뒤에서 제3자와 손잡아 최종 이익을 독식하는 교묘한 연합 전략이다.

(3) 자기파괴적 정당화

의도적으로 극단적 무너짐을 연기해 "이 사람을 건드리면 더 큰 사고가 생길지 몰라"라는 두려움을 유발한다.

'의도된 패배'는 단순한 포기나 약점이 아니다. 그건 승리보다 큰 것을 얻기 위해 의도적으로 지는 것이다. 협상에서 일부러 양보해 신뢰를 얻는 것, 연인 관계에서 스스로 약한 모습을 보여 동정을 유도하는 것, 조직 내에서 실패를 연기해 상대의 본심을 끌어내는 것, 감정싸움에서 져주는 척하다가 책임을 떠넘기는 것이 이에 의도된 패배에 해당한다.

의도된 패배의 진짜 목적은, 상대방의 판단력을 흐리고 권력 구조를 뒤집는 것이다.

• 피로감 조장 •

판단력을 흐리게 만드는 트릭

시간을 잊게 하라

라스베이거스의 화려한 카지노에 들어선 M. 화려한 장식과 네온사인, 끊이지 않는 음악, 무료 제공 칵테일. 잠깐 슬롯머신을 하자 '딸깍' 소리와 함께 돈이 떨어진다. 계속 카지노에 머물고 싶은 건 당연했다. 그러다가 시계를 본 M은 깜짝 놀랐다. 어느덧 새벽 3시, 하지만 시간이 멈춘 듯한 카지노는 대낮처럼 환하고, '지금이 몇 시인지'는 중요하지 않다.

그 결과, 사람들은 피로가 쌓여도 계속 게임을 한다. 이때 무료 칵테일 한 잔이 더 배달된다. '공짜'라는 말은 경계를 무너뜨린다. 게다가 알코올로 인해 피곤함은 더해지고, 판단력은 더욱 흐릿해진다. 집중력이 떨어진 상태에서 M은 다른 게임 테이블로 옮긴다. 이때부터 연달아 무리한 베팅이 시작된다. 결국 큰돈을 잃고 카지노를 떠난 건 동틀 무렵이었다.

다음 날, '뭐가 어떻게 된 거지?' M은 후회하지만, 이미 지갑은 텅 비었다. 카지노에는 시계와 창문이 없다. 사람들이 '현실'로 복귀하려는 본능을 막으려고 의도적으로 없앤 것이다. 그래서 카지노에 있는 사람들은 '낮인지 밤인지, 몇 시인지' 알지 못한 채 시간 개념과 판단력을 잃는다. M 역시 그 함정에 빠진 것이다.

우리는 왜 지칠 때까지 무언가를 계속할까? 단순히 좋아서일까? 카지노에 간 M의 사례처럼, 내가 '좋아하도록' 의도한 것은 아닐까? 물론 좋아하는 것을 하는 건 나쁘지 않다. 문제는 그 '좋아함'이 정신적·신체적 피로감을 가져오고, 피로는 곧 우리의 판단력을 흐리게 해 내가 원하지 않던 결과를 가져온다는 것이다.

무서운 건 누군가가 이 '피로'를 교묘하게 조장하면, 우리는 그 함정에 쉽게 걸려든다는 사실이다. 우리의 일상에서 볼 수 있는 '피로 전략'들을 살펴보자.

일상에 숨어 있는 피로 전략

(1) 콜센터 대기 시스템 : 포기 유도 전략

당신도 콜센터에 전화한 적이 있을 것이다. '모든 상담원이 통화 중입니다. 잠시만 기다려 주세요'라는 대기음이 몇 분, 아니 몇십 분씩 이어지면, 문제 해결이 목적이었다가도 어느 순간 '그냥 끊고 말지'라는 생각이 든다. 그러고는 '그래, 다른 방법을 찾아보자, 아니 그냥 포기하자'하고 만다.

사실 이것은 해당 콜센터의 고의적인 포기 유도 전략이다. 상당수 회사는 '최대한 문제를 빨리 해결해 드려야지!' 보다 '귀찮고 힘들게 만들어서 항의를 약화시키자'라는 전략을 쓴다. 이를 모르는 우리는 전화가 돌고 돌아, 또 다른 부서로, 또 다른 절차로 넘어가는 동안 인내심은 떨어지고, 결국 '포기'라는 '선택'을 한다.

(2) 소셜미디어 알고리즘 : 무한 스크롤

틱톡, 인스타그램, 유튜브… 한 번 스크롤을 내리면 끝이 없다. 새로운 영상이 줄줄이 재생되고, 재미있는 게시물은 끊임없이 올라온다. 어느새 '시간 감각'이 증발한다. 몸은 지쳐가는데, 정신은 '더 보고 싶다' 아우성이다. 문제는 '인지 피로'가 쌓이면, 비판적 사고력이 함께 떨어진다는 것이다.

결국 광고나 쇼핑 링크를 무심코 클릭하고, 별다른 고민 없이 결제해 버린다. 다음 날, 일어나서 "내가 이걸 왜 샀지?" 하고 만다. 이게 바로 무한 스크롤이 만들어 낸 '판단력 훼손'의 전형적인 시나리오다.

중요한 결정은 '내가 미리 만든 규칙'에 묶어둘 필요가 있다. 이는 단순한 습관이 아니라 '결정권'을 사전에 잠가두는 '금고' 같은 것이다. 간단한 예를 들겠다.

- 100만 원 이상 소비는 절대 실시간 판단으로 하지 않는다. 무조건 하루 보류.
- 밤 12시 이후 들어오는 제안은 무조건 거절한다. 이유 불문.
- 계약서·연애·투자 등 중요한 문제는 피곤할 때 절대 결정하지 않는다.

'판단하지 말고, 룰에 따라 움직여라.' 이 간단한 원칙이 결국 약자가 강자를 이길 수 있는 유일한 방법이다.

피로감을 이용한 다크 심리 기술

(1) 과장된 감동

사람이 가장 쉽게 속는 순간은 '고통 속에서 누군가의 작은 호의'를 만났을 때다. 육체적으로 지쳤거나 정서적으로 무너졌을 때 건네는 누군가의 따뜻한 말 한마디는 '과장된 감동'으로 변한다. '이 사람은 나를 이해해 줬어, 이 사람만큼은 믿어도 돼'라는 감정이 생기면, 이후 상대방의 제안이나 요구에 순순히 넘어간다. 심지어 거절이 죄책감처럼 느껴지기도 한다.

그러나 이것이 '진짜 도움'인지, 아니면 '나의 약점을 파고드는 전술'인지 구분하기 어렵다. 그래서 '규칙'이 필요하다. 상대방의 호의는 호의대로 감사하되, 중요한 결정은 무조건 상대방과 떨어진 시점에서 결정하자.

<u>피로 상태에서 상대방이 다가올 때 '이건 나를 도우려는 것일 수도 있지만, 동시에 나를 조종하려는 것일 수도 있다'라는 경계심을 가져라.</u>

(2) 감각의 피로

상대방의 판단력을 빼앗으려면, '생각할 틈'을 주지 않아야 한다. 다단계나 피라미드 설명회를 떠올려 보라. 몇 시간씩 쉬지 않고 쏟아지는 제품 설명, 성공 스토리, 과장된 환호. 중간중간 '브라보!'를 외치게 만들고, 음악을 쾅쾅 울리고, 쉬는 시간도 제대로 주지 않는다. 이는 곧 우리의 '감각 피로'를 불러오고, 감각이 피로해지면 판단도 피로해진다.

그러면 '그냥 시키는 대로 할까'라는 생각에 단순한 선택을 하게 된다. 그래서 다단계 설명회의 마지막에, "이제 가입할 차례입니다"라고 말하는 것이다. 이때 필요한 건 '판단을 잠시 중단하는 것'이다.

<u>"나는 지금 피곤하다. 제대로 생각할 수 없다. 내일 다시 결정하자."</u>

<u>이 말 한마디가 당신을 지켜 줄지도 모른다.</u>

(3) 거짓 회복 단계

사람은 너무 지치다 보면, 잠깐의 휴식만으로도 극적인 안도감을 느낀다. 그런데 '잠깐의 휴식'을 제공한 사람이나 환경을 '구원자'로 착각하는 순간이 있다. 하지만 이것이 진짜 회복이 아닐 수도 있다. 오히려 다시 착취하기 전, 잠시 숨 돌리는 단계일 수도 있는 것이다. 고통과 회복이 하나의 세트처럼 설계되어 있다면, 그 회복은 사실 '더 강한 통제를 위한 재충전 시간'에 지나지 않는다.

그래서 휴식이 주어졌을 때 '이게 정말 자유로운 휴식인가, 아니면 정해진 틀 안에서의 풀어주기인가'를 따져봐야 한다. 예컨대 누군가와 중요한 대화를 하고 있다면 "지금은 회복 중이니, 이건 나중에 다시 이야기합시다"라고 말할 용기를 가져라.

피로는 누구에게나 찾아온다. 하지만 그 피로가 타인에게 조종당하는 계기가 될 수 있다는 점을 잊지 말라.

당신이 지친 그 순간, 그들은 '자연스럽게' 다가온다. 그래서 우리는 늘 자문해야 한다.
<u>"지금 내가 지친 이 순간, 이 사람(혹은 이 상황)은 어떤 의도를 가지고 있는가?"</u>

만약 이 질문조차 던질 여력이 없다면, 이미 피로 전략의 늪에 깊이 빠져 있다는 신호일지도 모른다. 당신의 피로는 누군가에게는 절호의 기회다. 그들은 당신이 지쳤을 때, 당신의 문을 쉽게 통과하려 할 것이다.

피로할수록, 판단을 남에게 맡긴다.
피로할수록, 작은 호의를 과대평가한다.
피로할수록, 복종적으로 변하기 쉽다.

그리고 악의적인 사람은 이 점을 너무나 잘 안다.

이것이 다크 심리학의 핵심 중 하나다. 판단력이 약해진 당신은, 순간적인 감정과 호의에 흔들릴 수 있다. 그리고 그 대가는 꽤 클 수 있다. 그러니 기억하자.

<u>"내가 지쳤을 때 상대가 요구하는 어떤 결정이든, 하루라도, 단 5분이라도 유보하라."</u>

때로는 즉시 판단하지 않고 잠시 뒤로 물러나는 용기가 필요하다. 그 짧은 망설임이, 끝내 당신의 인생을 구할 수도 있다.

· 선택지 설계 ·

나의 선택은 정말 '내 것'인가?

강요된 선택

콜롬비아의 악명 높은 마약왕 '파블로'는 공무원들을 매수할 때 '플라타 오 플로모(Plata O Plomo)'란 말을 즐겨 썼다. '돈 받을래, 총알 받을래'와 같은 뜻이다. 그의 '협박스러운 제안'을 받은 이들은 곤혹스러웠다. 거절하면 목숨을 잃고, 돈을 받으면 부패 관리가 되는 선택 앞에서 대부분의 사람은 돈을 택했다. 이후 그들은 파블로의 명령대로 움직일 수밖에 없었다.

파블로는 언제나 상대방에게 두 가지 선택만 주었다. '협조하여 뇌물을 받거나, 거부하여 죽거나'. 그의 입장에선 어느 쪽이든 자신에게 유리했다. 돈으로 매수하면 조직의 영향력이 커지고, 상대방이 거부해 죽이면 그 후임자에게 똑같은 제안을 하면 그만이다. 상대방에게 선택권을 준 듯하지만, 그 선택과 상관없이 파블로가 이익인 구조다.

뭔가를 선택해야 할 때 가장 먼저 알아야 할 것은, 그 선택지가 어떻게 '설계'되었는가이다.

겉보기엔 다양한 선택지가 있는 듯해도 그 구조가 특정 방향으로 기울어져 있다면, 그건 자유로운 선택이 아닌, 강요된(조작된) 결정에 가깝다. 그렇다면 이제 이런 질문이 생긴다.

"나는 지금 무엇을 선택하고 있는가?"

"그 선택지는 누군가가 나를 위해 심어놓은 것인가?"

이제 파블로의 협박을 떠나 우리 일상에서 선택지를 설계해 사람들이 특정 옵션을 '스스로 고르게 만드는' 전략이 어떻게 작동되는지 살펴보자.

20세기 초, 한 유명 경제신문은 구독자를 늘리기 위해 묘안을 냈다. 광고에 세 가지 구독 옵션을 제시한 것이다.

> A. 온라인판만 월 5달러
>
> B. 종이신문만 월 10달러
>
> C. 온라인+종이 세트 월 10달러

얼핏 봐도 B는 비싸 보였는데 신문사는 삭제하지 않았다. 그리고 구독 희망자들의 90% 이상이 C를 선택했다. 'A, B 다 주는데 B와 가격이 같으니, C가 이득'이라고 생각한 것이다.

그런데 이런 결과 뒤에는 신문사의 숨겨진 전략이 있었다. 애초 신문사가 원한 건 C, 즉 '온라인 + 종이 세트' 구독자를 늘리는 것이고, 이를 위해 가짜 선택지인 B를 미끼로 둔 것이다. 만약 A, B 2가지 옵션만 있었다면, 저렴한 A를 선택할 가능성이 높다. 그러나 B를 끼워 넣음으로써 상대적으로 C가 탁월해 보이는 '데코이(Decoy) 효과'가 발휘된 것이다. 구독자들은 3가지 중 자유롭게 고른 듯하지만, 신문사는 구독 희망자가 C를 선택하도록 유도한 것이다.

  이 전략은 대성공이었고, 신문사는 큰 이익을 얻었다. 선택지를 설계함으로써 원하는 결과를 얻은 대표적인 사례다.

선택의 흐름 읽기

  이미 설계한 선택지로 사람들의 결정을 유도하는 것에서 벗어나는 방법이 있다. '선택의 흐름'을 살짝 트는 것이다. 예컨대 상대방이 '지금 당장', '둘 중 하나'를 고르라고 압박할 때 반사적으로 응답하면, 당신은 상대방의 프레임에서 반응하는 존재가 돼버린다.

  이를 벗어나는 가장 효과적인 전략은 즉시 선택하지 말고, 상황을 '질문화'해서 잠시 벗어나는 것이다.

[예시 1] 누가 봐도 유도성 강한 제안이 올 때
"둘 중 어떤 게 좋아요?"

"둘 다 좋아요. 그런데 왜 두 가지로 좁혀졌는지 더 들어보고 싶어요."

[예시 2] 대놓고 이중 구속 유도할 때

"직접 결정하세요. 책임은 안 물을게요."

"그러면 제가 어떤 선택을 해도 책임지게 될 것 같은데요? (웃음) 좀 더 고민해 봐도 될까요?"

[예시 3] 빠르게 결정하도록 압박할 때

"지금 바로 결정하죠. ○○님도 동의하시죠?"

"저는 신중한 성격이라 급하게 결정하면 후회하는 스타일이에요. 조금만 더 생각해 보겠습니다."

[예시 1]은 반응하지 말고, 틀을 다시 묻기. [예시 2]는 즉답 대신 질문으로 되돌리기, [예시 3]은 '결정 지연'이 아닌 '판 전체를 다시 보겠다'라는 시그널이다. 이것은 '거절'이 아니라 상대방이 설계한 '선택의 흐름'을 미세하게 틀어버리는 행위다. 그 순간, 당신은 상대방의 설계에서 벗어나 독립적인 플레이어로 전환된다.

'선택지를 좁히는 전략'은 마케팅, 사회생활, 인간관계 등에 자주 쓰이는 강력한 심리 조작 수단이다.

우리는 '파블로의 총구 앞'이나 '신문사의 구독료 옵션' 비슷한 기제를 경험한다. '진짜 자유'처럼 보이지만, 특정 선택으로 몰리는 구조다. 이 구조를 완벽히 빠져나가는 게 쉽지는 않다. 그러나 최소한 '내가 지금 어떤 프레임에 갇혀 있는지, 그건 어떻게 설계되었는지' 깨닫는다면, 선택의 흐름을 뒤틀어볼 여지가 생긴다.

중요한 것은, 내가 상대방이 만들어 둔 길을 걷고 있는지, 아니면 '직접 길을 만드는 주체'가 될 것인지의 문제다.

또한 세일즈나 마케팅은 결국 '사람의 결정'을 설계하는 일이다. 핵심은 상대방이 생각할 틈조차 없게 만드는 것. 당신이 '선택의 흐름'을 읽는다면, 설계된 판을 뒤집고 흐름을 역이용할 수 있다. 오늘날 수많은 광고, 상품, 온라인 서비스는 '원하는 걸 골라 봐'라며 선택권을 준다.

그 사이에 숨어 있는 '가짜 옵션', '압박된 시간', '비교를 위한 미끼' 같은 요소를 살펴보면, 과연 어디까지가 내 자발적인 결정인지 다시 한번 돌아보게 될 것이다. 잊지 말자. 선택권을 내가 행사한다고 해서 그게 '진짜 자유'는 아니다. 자유를 되찾으려면, 선택지가 어떻게 설계되었는지 먼저 의심해야 한다.

Chapter 5

힘을 집중하고 관리하는 법

• 감정 끊기 •

인간적 매력은 독이다

'인간적인' 매력을 독(毒)으로 보는 게 극단적일 수 있다. '인간답게' 산다는 건, 동일한 인간이란 존재로서 호의와 공감을 포기하지 않는다는 뜻이니까. 그러나 세상에는 이 자연스러운 감정을 악용해 타인에게 교묘히 침투시켜 조종하고, 약점으로 삼는 자들이 존재한다. 중요한 건 '언제, 어떻게 감정을 끊을지 선택하는 것'이다.

감정 자체는 나쁘지 않지만, 통제되지 않은 감정은 누군가의 손에 들어가 당신을 찌르는 칼날이 될 수 있다. 따라서 한계를 정하고, 굳게 선을 긋는 과감함이 필요하다. 이는 '냉혹함'을 미화하려는 것도, 감정을 무조건 억제하라고 주장하려는 것도 아니다. 다만 어떤 상황에선 '이성적 판단'만이 우리를 살린다는 사실을 보여주겠다.

사회생활과 인간관계 속에서 '인간적 매력'이라는 달콤한 포장에 흔들리지 않고, 자신의 주도권을 지키기 위해서 말이다.

감정 끊기 전략

우리는 인간관계를 통해 따뜻한 위안을 얻는다. 상대를 진심으로 아끼고, 나 또한 작은 배려와 호의를 건네며 서로에 대한 믿음을 쌓는다. 하지만 이때의 매력이 곧 우리를 무장 해제시키는 약점이 될 수 있다. 누군가 연민과 친절을 교묘히 조종한다면, 우리는 알게 모르게 그 사람의 전략에 갇혀버린다.

심리학에서는 이를 '감정 끊기'라는 개념으로 설명한다. 쉽게 말해, 타인이 노린 감정 공세에 휘둘리지 않도록 의도적으로 공감과 연민을 제한하거나, 내면의 감정을 '봉인'하는 전략을 의미한다. 이는 다소 차갑게 들릴 수 있지만, 삶의 극단적 위기나 중요한 결단의 순간에는 오히려 생존에 필수적인 선택이 되곤 한다.

냉혈한 권력자를 떠올리면 많은 사람이 영화 〈대부〉 시리즈의 '마이클 콜레오네'를 연상한다. 그는 원래 자신이 마피아 집안이라는 것을 혐오하며 밝은 길만 걸었다. 그러나 아버지의 복수로 살인을 저지르고, 친형과 첫 번째 아내의 죽음을 겪은 후 점차 냉혹한 보스로 변모한다.

결국 살아남기 위해 '인간다움'을 버려야 했던 마이클은 냉혹함으로 집안의 사업을 발전시키고, 아버지보다 더 잔인무도한 대부가 된다. 심지어 자신의 잔혹함에 두려움을 느낀 아내 케이에게 "세상 모든 사람을 죽이더라도 당신과 아이들만큼은 못 죽인다"라고 전하며 안심시킨다.

인간적 매력을 완전히 배제할 때 권력자는 냉철한 판단을 가장 극단적인 형태로 실현할 수 있게 된다. 감정은 인간의 미덕처럼 보인다. 하지만 때론 그것이 가장 위험한 독이다. 감정은 '조종 가능한' 인터페이스(Interface)이기 때문이다.

누군가가 당신의 감정을 이해한다는 건, 그걸 이용할 수 있다는 뜻이다.

통제 불가능한 감정

군대나 정보기관 역시 '감정 끊기'에 해당하는 기법을 체계적으로 훈련한다. 대표적인 예가 특수부대 저격수들이다. 그들은 표적을 '인간'으로 인식하면 방아쇠를 당기는 순간 망설여진다. 죄책감과 연민이 비집고 들어온다면, 임무는 실패하고 목숨도 위험해질 수 있다. 그래서 저격수들은 '표적은 그저 목표일 뿐'이라고 스스로 세뇌한다. 이를 통해 죄책감을 느끼지 않도록 사람이 아닌 '목표물'만을 보는 것이다.

'감정은 해킹 포인트다.'

그렇다면 일상에서 우리의 감정은 어떻게 해킹되는가? 누군가 반복적으로 친절과 호의를 베풀 때, 죄책감이나 연민을 자극하는 말투로 부탁할 때, 과거의 추억을 들먹이며 함께 울고 웃게 할 때, '넌 나 없이 안 돼' 같은 은근한 의존을 유도할 때, 외로움·피로·허영심 같은 감정적 틈새를 찌를 때….

수없이 많은 이런 순간, 우리는 '감정의 문'을 열어버린다. 그리고 그 열린 문은 누군가에게 '침투 경로'가 된다. 가스라이팅이든, 사내 정치든, 혹은 가족이나 친구 관계든 마찬가지다. 감정은 '인간다움의 증거'이지만, 동시에 '가장 쉽게 해킹되는 취약점'이 될 수 있다.

감정이란 결코 무조건 없애야 할 대상이 아니다. 우리가 문제 삼으려는 건 '통제 불가능한 감정'이다. 그 감정이 내 이익을 침해하고, 나를 조종하게 만들고, 결국 내 삶의 주도권을 빼앗아 갈 때 그 순간에는 감정을 끊어야 한다.

다음은 스스로 감정을 끊는 5가지 방법이다.

(1) 트리거(Trigger) 인식

'내가 흔들리는 순간'을 미리 파악한다. 가령 상대방이 친절을 베풀 때나 죄책감을 심어줄 때, 내 과거를 들먹일 때 등처럼 무엇이 자신에게 강렬한 반응을 일으키는지 파악하면 '감정의 스위치'를 조절할 수 있다.

(2) 정신적 거리 선언

"지금부터 이 대화(또는 이 상황)는 감정적으로 위험하다"라고 마음속으로 선언한다. 상대가 내 감정을 이용하려 들면, 한 호흡 멈추고 차갑게 판단한다.

(3) 객관화 훈련

"이 사람은 나의 연민을 유도하고 있다."
"이 상황은 내 죄책감을 자극해 원하는 걸 얻으려 한다."
이렇게 문제를 단순화함으로써, 감정 대신 계산으로 대응할 수 있다.

(4) 감정 대체 스크립트

"죄송해요", "고마워요" 같은 정서적 표현을 최대한 줄이고, "검토 후 연락드리겠습니다"처럼 사실관계만 전하는 문장으로 말한다.

말이 차가워지면, 내 마음도 그만큼 냉정해진다.

(5) 임무 후 정리

감정 억제가 계속되면 스스로 병들 수 있다. 업무나 갈등을 해소한 뒤에는, 의식적으로 감정을 풀어주는 단계도 필요하다. 일기나 상담, 혹은 취미 활동 등으로 '정서 해소'를 해줘야 장기적 균형을 맞출 수 있다.

핵심은 '언제, 어떻게 감정을 끊을지' 선택하는 것이다.

감정을 철저히 단절해버리면 의사결정이 단순해진다. 배신자를 제거하는 마이클 콜레오네처럼, 죄책감 없이 방아쇠를 당기는 저격수처럼. 뇌리에 스치는 잡음이 사라지니, 목표 달성은 훨씬 쉬워진다. 그러나 그 대가로, 우리는 인간적인 온기를 상실할 위험이 있다.

마이클 콜레오네처럼 모든 감정을 제거할 수는 없겠지만, 스스로 '개인적인 게 아니야'라고 말하며, 실제로 심장을 무감각하게 만들 수 있는 사람만이 위험한 상황 속에서 살아남는 법을 안다. 그건 냉혹함이 아니라 자신을 지키는 기술이다.

감정 끊기란, 내가 쓰고 싶은 순간에만 감정을 쓰기 위한 예비동작이다. 누군가가 "내가 널 위해 이렇게 했잖아"라고 말할 때 "그래서 뭘 원하죠?"라고 되물을 수 있는 냉정이 있다면, 당신은 더는 조종당할 '인터페이스'를 내주지 않을 것이다. '인간적 매력은 독이다'란 말은 세상을 부정적으로만 보라는 게 아니다. 매력이라는 달콤함 뒤에는, 늘 관찰과 선택이 필요하다는 뜻이다.

우리의 감정은 많은 것을 연결해 주지만, 그 감정이 배신당하고 도용되는 순간, 가장 깊은 상처로 돌아올 수 있다는 사실을 잊지 말자.

당신이 감정에 휘둘리지 않고, 필요할 때 단호히 끊어낼 수 있다면 이미 '감정의 주인'이 된 것이다.

• 자기 결단력 •

힘은 흩어지면 죽는다

강력한 한방의 힘

사람들은 흔히 "여러 방법을 병행해서 차근차근 공략하라"라고 말한다. 물론 틀린 말은 아니다. 하지만 어떤 상황에서는 '느긋한 접근'을 허용하지 않는다. 단 한 번의 기습이 곧 전부를 결정짓는 냉혹한 공간이 존재한다. 그 공간에선 '흩어진 힘(여러 방법)' 따위는 가차 없이 박살 난다.

지난 2003년, 전 세계가 지켜보는 가운데 바그다드는 순식간에 폭격과 포화 속으로 빨려 들어갔다. 미군의 '쇼크 앤 오(Shock and Awe)' 전략, 곧 압도적 화력을 '한 지점'에 쏟아부어 적을 단숨에 제압한 것이다. 불빛이 번쩍이고, 굉음이 지축을 흔드는 동시에 이라크군의 지휘 체계가 무너져 내렸다.

서서히 포위망을 좁히고, 여기저기서 조금씩 타격을 주는 전형적인 전술이 아니었다. 상대방이 숨 돌릴 틈도 없이, 방어 태세를 갖추기도 전에 모조리 날려버린 것이다. 그리고 '이미 패배했다'라는 무력감이 적의 마음을 잠식했다.

이게 바로 '힘은 흩어지면 죽는다'의 극단적 예시다.

강력한 '한 방'은 여러 번 찌르는 것보다 훨씬 무서운 충격을 준다. 아무리 버틴다 해도 그 지점(대상)이 일순간 무너져 내리면 모든 걸 놓아버리기 쉽다. 결국 혼란에 빠진 사람들은 '아, 이거 안 되겠구나'라고 체념한다. 물론 언제나 이런 전략이 통하는 건 아니다. 전력이 충분하지 않거나, 상대방이 미리 대비했다면 자칫 '자멸적 도박'이 될 수도 있다. 그러나 제대로 통하면, 어떠한 협상이나 교섭도 필요 없다. 한 번의 충격'이 모든 상황을 장악한다.

우리는 여기서 무엇을 배워야 할까? 당연히 '전쟁'을 미화하거나 폭력을 찬양하자는 게 아니다. **다만 '결정적 순간에는 힘을 나누지 말라'라는 교훈은 꼭 새겨둘 필요가 있다.** 만약 시간이 충분하고, 상대방이 만만하다면 여러 단계로 나누어 천천히 공략해도 된다. 그러나 '한 방'에 끝낼 수 있는 무기를 갖췄음에도 그것을 감추고 사용하지 않는 건 어리석다.

스스로 '승산이 있다'라고 판단하거든, 망설임 없이 '올인' 하라.

그게 당신에게 주어진 최종 무기이자 상대방은 빼앗을 수 없는 절대 시간이다. 그 순간을 놓쳐버리면 '나눠 쓴 힘'은 흐지부지 흩어진다. 그런데도 사람들은 자주 흔들린다. "조금씩 여러 곳을 시도하면, 중간은 가지 않을까?", "그래도 안전하게 가야지." 이렇게 분산된 시도는 대부분 중간도 가지 못한 채 모든 자원을 소진하고 끝난다.

결국 중요한 국면에선 "나는 단 하나의 길을 택했다. 그리고 이 길에 내 모든 걸 쏟아붓겠다"라고 선언하는 쪽이 통념을 부순다. 모험이 따르긴 하지만, 역설적으로 그 모험이 압도적 결과를 만들어낸다. '힘은 흩어지면 죽는다.' 이 말은 단순한 교훈이 아니다. 어떤 사람에게는 생존 전략이며, 어떤 전장에선 절대 원칙이다.

자신이 가진 모든 힘을 여러 갈래로 나누어 조금씩 써먹는 행위는 언뜻 영리해 보이지만, 자신의 가능성을 갉아먹는 지름길일 수도 있다. 반면 최적의 시기에 모든 역량을 폭발시키면, 평소에는 상상도 못 한 승리를 거머쥘 수 있다. 만약 당신이 지금 '모든 걸 걸겠다'라는 확신이 생겼다면, 쪼개고 나누는 미련은 버려라. 그게 일생에 몇 번 올까 말까 한 기회라면, 더더욱.

'흩어지지 않는 힘'은 결단에서 비롯된다.

많은 사람이 어설프게 안전을 도모하다가 아무런 결실 없이 쓰러진다. 최악은 그렇게 어중간하게 쓰러지면서도 '올인하는 자'를 부러워한다. 그런데 세상은 뜻밖에도

'끝장을 보는 자'에게 후한 편이다. 그것이 1분 만에 벌어지는 파괴극이든, 보름 만에 결정되는 혁신이든 간에 말이다. 한 번의 '몰아치기'로 판도를 바꾸면, 사람들은 그것을 '압도적 승리'로 기억한다.

반대로 질질 끌다가 겨우 마무리된 싸움에는 아무도 관심을 기울이지 않는다. 그러므로 당신이 원한다면, 지금이야말로 결심할 시간이다. 한 방에 끝내라. 망설일 거면, 아예 처음부터 시작도 하지 말라. 준비가 됐다면 머뭇거리지 말고, 전부를 쏟아부어라. 치명적인 한순간의 폭발력으로 상대의 정신을 압도하면, 이미 승부는 거기서 결정 난다.

압도적인 심리 폭격술

'흩어지면 죽는 힘'의 원리는 우리 삶에서도 마찬가지로 유효하다. 스스로 자신에게 물어보라. '내 인생에 온전한 힘으로 한 번에 치고 나갈 만한 순간이 몇 번이나 있을까?' 그 기회를 포착한다면, 두려움을 버리고 나아가라. 엉성하게 능력을 나눠 쓰다가 미지근하게 사라지는 것보다,

한 번 제대로 터져나가는 편이 훨씬 멋지지 않은가? 당신도 알고 있을 것이다. 힘이 정말 무서운 건, 분산되지 않았을 때다.

'준비가 됐으면, 나눠 쓰지 말라.'

기회는 늘 오지 않는다. 그리고 '흩어진 힘'은 그 기회조차 허락되지 않는다. 이게 바로 우리가 '힘은 흩어지면 죽는다'라고 외치는 가장 냉혹한 이유다. 그렇다면 '어떻게 한방을 터뜨릴 것인가'가 남은 과제다. 다른 사람은 똑같이 여러 수를 분산시키며 어영부영할 때 나는 어떻게 단숨에 전세를 뒤집을 수 있을까?

다음 2가지 전략을 소개한다. 이 전략은 '몰아치기'를 위해 설계된 일종의 '심리적 폭격술'이다.

[전략 1] '낙하산 투하형' 공개 타이밍 설계

대부분 지정된 타이밍에 의존한다. 하지만 '진짜 승자'는 스스로 타이밍을 만든다. 모두가 눈치만 볼 때 '의도적 침묵'과 '폭격 발표'로 모두의 시선을 훔친다. 속도 싸움이 아니라, 정적 속 돌발 전개다.

[실전 예시]

팀별 프로젝트 시 대다수가 '자료 취합 중입니다', '다음 주 발표하겠습니다'라고 한다. 이때 '완결본'을 낙하산처럼 투하한다. 문서 하나, 리허설 영상 하나, 프로토타입 하나로 임원진의 머릿속을 단숨에 지배하라. 그 순간부터 상대방은 '함께 경쟁 중'이라는 인식 자체를 상실한다.

[주의점]

그냥 조기 제출이 아니다. '선택과 집중', '정적 속 한방', 그 순간을 미리 '심리적 진공 상태'로 만드는 계산이 필요하다. 핵심은 '타인은 침묵할 때, 나는 터뜨린다'라는 것이다.

[전략 2] '거울 반사형' 감정 타이밍 설계

사람은 상대의 감정에 '반응'한다. 하지만 정점에 도달한 사람은 상대방의 감정 흐름을 '설계'한다. 이는 공격이 아니라, 내가 원하는 시점에, 원하는 분위기로 '전환'하는 기술이다.

[실전 예시]

회의 중 누군가의 아이디어가 칭찬받고 분위기가 고조되면, 대부분 같이 흥분하거나 긴장한다. 그 순간 의도적으로 침묵하거나, 고개만 끄덕이는 척하다가 모두의 관심이 사라질 즈음에 "저걸 기반으로 이런 확장을 해보는 건 어떨까요?"라고 말한다. 그 순간, 당신이 말하는 것이 핵심으로 각인된다.

[주의점]

단순한 타이밍 조절이 아니다. 상대의 감정 상태를 관찰하며 기울어지는 지점에 지배적 신호를 투사하는 고난도 설계다. 자칫 어설프게 흉내 내면 '왜 이제 말을 꺼내?' 같은 식으로 기회를 날릴 수도 있다.

힘은 반드시 '하나로 뭉쳐야' 파괴력을 발휘한다. '낙하

산 투하형' 공개 타이밍은 당신이 만든 정적 속 파괴력으로 시선을 모으는 법을 알려준다. '거울 반사형' 감정 타이밍 설계는 당신이 분위기와 이목을 조종해 결정적 한 발을 내놓는 기술이다. 이 2가지 전략은 '조금씩 더 열심히 하자' 식의 접근과는 궤가 다르다. 묵직하게 한 번을 노려 상대의 의지를 꺾어버리는 것. 바로 이것이 '힘은 흩어지면 죽는다'라는 말에 담긴, 냉혹하면서도 효과적인 진실이다.

이제 당신에게 묻겠다.

"당신은 이 무기를 쓸 수 있겠는가?"

두려워도 좋다. 망설여도 괜찮다. 하지만 당신의 결단으로 '흩어진 힘'의 무기력함에서 벗어날 수 있고, 누군가와의 전장에서 압도가 무엇인지 보여줄 것이다.

• 존재감 관리 •

필요로 할 때만 나타나라

항상 '보이는 사람'이 강한 건 아니다. 눈에 띄지 않아도 핵심을 쥔 사람, 조용히 배후를 지배하다가 '결정적 순간'에 등장하는 사람. 이들은 말이나 표정 하나로 판을 바꾼다. '존재감'을 자주 드러낸다고 좋은 건 아니다. 너무 자주 드러나면 가치는 떨어지고, 표적이 되기 쉽다. 오히려 사람들의 주의를 흩어놓고, 의도를 감춘 채 '언제든 개입할 수 있다'라는 인식만 남겨두는 편이 훨씬 강하다.

'진짜 영향력'은 드러나지 않는 시간에 만들어진다.

존재감을 조절하는 능력은 생존과 직결된다. 진짜 능력자들은 과도한 노출로 남에게 폐를 끼치지 않는다. 오히려 '저 사람은 도대체 무슨 생각을 하는 걸까?'라는 호기심을 유발하곤 조용히 기회를 기다린다. 대신 자신을 필요로 할 때는 단숨에 존재감을 드러내어 힘을 발휘한다. 이러한 모습은 단순히 성격 유형이 아니라, 일종의 전략이다. 이 전략은 조직범죄나 외교협상, 심리학, 비즈니스 분야 등에 폭넓게 적용됐다.

존재감 전략의 사례

지금부터 소개하는 사례들은 '필요할 때만 나타나는 힘'이 어떻게 발휘되는지, 왜 강력한 설득력과 안정적 영향력을 만들어내는지 보여줄 것이다.

(1) 그림자처럼 지배하라

'마피아(Mafia) 보스'하면 떠오르는 이미지는 대저택, 화려한 옷차림, 시끄러운 총격전 등이다. 그런데 카를로 감비노(Carlo Gambino)는 전혀 달랐다. 1960년대 미국 뉴욕의 범죄 조직을 쥐락펴락하던 그는 언론 노출은 물론 사소한 사진 한 장도 찍히지 않을 만큼 그림자 속에 숨어지냈다. 그를 본 경찰이 누구인지 못 알아볼 만큼 '존재 자체'를 파악할 수 없었다.

그의 영향력이 약한 것은 아니었다. 오히려 마피아 내부에서는 '감비노가 지켜본다'라는 말이 돌 정도로 공포감을 일으켰다. 누구도 배신할 엄두를 내지 못했고, 경쟁 조직 역시 상대가 보이지 않으니 함부로 건드리기가 껄끄러웠다.

'보이지 않는 보스'가 가진 장점은 명확하다. 조직원들에게는 "내가 언제 어디서든 모든 것을 알고 있다"라는 심리적 압박을 주고, 적대자를 향해선 존재감이 희미하니 역공당할 확률이 낮다. 또 불필요한 분쟁이나 법망에 걸릴 위험도 적다. 감비노는 이런 방식으로 마피아 보스로서는 드물게 큰 '범죄 전쟁' 없이 장기 집권했고, 자연사로 생을 마감했다.

필요 이상의 노출을 삼가고, 꼭 필요한 시점에만 힘을 행사했던 감비노의 사례는 '드러내지 않는 권력'이 얼마나 무서운 힘을 발휘할 수 있는지 단적으로 보여준다.

(2) 드물수록 더 밝게 빛난다

현대 사회심리학의 거장 로버트 치알디니(Robert Cialdini)는 〈설득의 심리학〉에서 '희소성의 원칙'을 강조한다. 사람들은 무한정 주어지거나 늘 가까이에 있는 것은 가치와 중요성을 덜 느끼지만, '제한적'으로 접근할 수 있는 것은 귀하게 여긴다는 것이다. 이 원칙을 인간관계나 리더십에 적용하면, '나를 자주 드러내지 않아야 내 말 한마디가 더 귀해진다'라는 통찰로 이어진다.

가령 회사에서 사장이나 임원이 모든 회의에 참석해 시시콜콜 지시하면, 직원들은 점차 그들의 권위에 무감각해진다. 그러나 정말 중요한 회의에만 '사장님이 직접' 등장하면, 직원들의 긴장도와 집중도가 배로 오른다. 희소성이 곧 영향력의 극대화를 가져오는 셈이다.

이는 인간관계에서도 적용된다. 예컨대 친구와 계속 붙

어 있으면 '당연하게' 생각하는 것들이 많다. 하지만 '나만의 시간'을 갖고, 결정적 시점에만 나타나 도움을 주거나 놀라운 면모를 보여주면 존재감이 각인된다. '필요할 때만 나타나는 전략'의 심리적 근거 중 하나가 '희소성 효과'다. 흔하지 않기에 귀하고, 귀하기 때문에 영향력이 커진다.

(3) 언더커버처럼 잠복하라

첩보 영화를 보면 '언더커버(Undercover)' 요원들이 등장한다. 이들은 자신의 정체를 감추고, 목표 조직에 잠입해 눈에 띄지 않게 활동한다. FBI의 전설적인 요원 조셉 피스톤(가명 도니 브래스코)이 대표적이다. 그는 6년간 마피아의 충성스러운 조직원인 척 행동하면서 자신의 감정과 의도를 철저히 숨겼다.

조셉은 필요 이상의 질문이나 의견을 내지 않았는데, 보스에게 그는 '충성심 강하고 말 없는 부하'로 각인되었다. 존재감을 드러내면 의심을 살 뿐, 필요한 정보 수집이 끝나면 몰래 본부에 보고했다. 그는 마피아 검거 작전이 시작될 때까지 잠잠히 기다리다가 마지막 순간에야 비밀을 폭로하고 마피아들을 일망타진했다.

언더커버 전략은 비즈니스 협상이나 스포츠 경기에서 볼 수 있다. 한동안 은밀하게 준비하다가, 결정적 기회에만 역습하는 것이다. 이는 존재감을 무작정 부각시키기보다 '필요할 때'만 확실히 나타나 상대방을 제압하는 것이 효율적이라는 교훈을 준다.

(4) 권한을 최소화하라

'니드 투 노우(Need To Know) 원칙'이란 게 있다. 정보에 대한 접근과 권한을 최소화한다는 것으로, 모든 정보를 아는 이는 극소수고, 나머지는 '부분 정보'만 알게 하는 전략이다. 그래야 누가 포섭되거나 적에게 잡혀도 기밀 사항이 뚫리지 않는다. 이 원칙은 '정보를 언제, 누구에게만 공개할 것인가'를 결정하는 핵심이 된다. 동시에 권력과 영향력도 자연스럽게 분화된다. 따라서 모든 정보를 아는 자가 당연히 조직을 장악한다.

기업 경영에서도 신사업 기획 등 민감한 이슈는, 본격 발표 전까지 극소수 임원들만 알고 진행한다. 직원 대다수는 의사결정 막바지에야 알게 된다. 이건 단순히 정보를 숨기기 위한 게 아니라, 타이밍을 잘 맞춰 '필요할 때만 드러내는' 존재감 관리와 직결된다.

개인 차원에서도 유사한 접근이 가능하다. 어떤 사람은 자신의 계획을 떠벌려 놓고, 주변의 반대와 견제를 받아 흐지부지되는 경우가 많다. 반면 충분한 준비를 끝내고서 공개하면, 사람들은 오히려 '언제 이런 걸 준비했지?'라며 놀라움과 관심을 보인다. 이것이 바로 '정보 노출의 타이밍'이 지닌 힘이다. 불필요할 때는 드러내지 않음으로써 잠재적 방해와 소음을 차단하는 효과가 있다.

(5) 막판에 승부수를 던져라

수사나 협상에서 자주 쓰이는 '전략적 증거 공개(SUE)' 기법은 필요할 때까지 증거를 숨겼다가 마지막에 꺼내는 전형적인 예시다. 가령 피의자를 심문할 때 수사관이 처음부터 "우린 네가 범행 현장에 있었다는 걸 다 알아"라고 하면 상대방은 거짓말을 교묘히 바꾸거나, 변호사 대책을 마련할 수 있다.

그래서 SUE 기법은 일부러 피의자가 거짓말을 하게 만든 후 CCTV나 목격자 증거를 꺼내 확실하게 압박한다. 이때 피의자는 거짓말이 드러나면서 심리적으로 크게 흔들리고, 그 틈을 파고들어 자백이나 추가 정보를 끌어내는 것이다.

협상 테이블에서도 비슷하다. 마지막까지 중요 사항을 감춰두었다가, 막판에 "우리는 다른 공급자가 준비되어 있어서 이 거래가 안 되면 그쪽으로 갈 겁니다"라며 한 방을 날리면, 상대방은 순식간에 협상 위치가 불리해짐을 깨닫게 된다.

SUE 기법의 핵심은, 내가 가진 핵심 정보나 자산의 존재감을 조절하는 것이다. 이는 '필요할 때만 나타나라'는 원칙과 맞닿아 있다.

앞의 5가지 사례에서 공통으로 발견되는 키워드는 '숨기기'와 '타이밍'이다. 단순히 숨어 있다가 절대 나오지 않는 것이 아니라, 필요 전에는 감춰둬서 상대를 방심하게 하거나 불확실성을 유지하게 만들고, 필요한 순간에만 전면 등판해 확실히 승부를 본다. 늘 빛나는 곳에만 있으면, 역설적으로 사람들은 '진짜 빛'을 쉽고 당연하게 여긴다.

오히려 어둠 속에서 자신을 단련하고, 자기 존재감을 지울 줄 아는 사람이 결정적 순간에 발휘하는 빛은 훨씬 더 강렬하다.

'숨는 것'이 목표가 되어선 안 된다. '왜 숨고, 왜 등장하느냐'에 대한 답을 스스로 찾아야 한다.

좋은 의도라면 '필요할 때'만 등장해 사람들을 이끌어갈 수 있고, 나쁜 의도라면 음지에서 치밀하게 계산해 세상을 휘두르려 할 것이다. 진짜 강한 사람은 자신을 드러내지 않고, 상대를 노출되게 만든다. 필요할 때만 등장하고, 그 한 번의 침묵 뒤에 모두의 흐름을 틀어버린다.

눈앞에 없지만, 흐름의 중심에 있는 사람. 존재감은 쌓는 것이 아니라 조용히 조절하는 것이다. 계속 빛나는 것보다 결정적인 순간에만 빛나는 것, 그 한 줄기 빛이 사람들의 머릿속에 오래 남는다. 이것이 '진짜 영향력'이다. 당장의 주목보다 '언제 등장하느냐'를 아는 사람이 판을 지배한다. 존재감을 전략처럼 다루는 사람은 보이지 않을 때조차 움직이고 있다.

• 신비 유지 •

보이지 않는 권력의 힘

보이지 않는 권력

인간은 본능적으로 '권력'을 좇는다. 더 높은 자리에 오르기 위해 경쟁하고, 서로를 짓밟는다. 기본적으로 권력은 다른 사람의 행동이나 생각, 선택에 영향을 끼치는 능력을 말한다. 즉 '상대방을 움직일 수 있는' 힘이 권력이다. 그래서 사람들은 대개 '분명히 보여야 권력이다'라고 여긴다.

그러나 '보이지 않는 권력'도 존재한다. 마치 누군가를 바라볼 때 그 뒤에서 천천히 움직이는 그림자처럼 드러나지 않지만, 분명히 작동하는 힘이 있다. 이는 조직이나 사회에서, 또는 개인의 인간관계에서 한 번씩 스쳐 가는 감각이다. 분명 그 사람이 뭘 하는 것 같은데(보이지 않는데) 모든 결정이 그의 의중대로 흘러간다. 그리고 어느 순간부터 내 의지가 무력화된다. 이런 상황에 부닥치면 사람들은 직감적으로 공포를 느낀다.

자신을 철저히 감추면서도 남들의 생각과 행동을 교묘하게 뒤틀어 통제하는 권력이 있다.

그런데 이 권력은 함부로 '무력'에 기대지 않는다. 오히려 보이지 않는 '심리적 지배'를 추구한다. 말 한마디, 시선 한 번, 때론 그저 '침묵'만으로도 상대를 쥐락펴락한다. 자신이 '배후에서 모든 것을 통제한다'라는 사실을 극도로 숨기면서, 동시에 그 영향력이 '은근히 드러나길' 바란다.
　이러한 이중성이 바로 '신비감 유지'의 정수다. 즉 신비로움을 유지하는 동시에 자신의 의중을 슬며시 흘려 '내가 그 중심에 있다'라는 느낌을 주는 것이다.

보이지 않는 권력자들은 신비감을 유지하기 위해 2가지를 활용한다. 먼저 '침묵'이다. 사실 말이 많을수록 권위는 가벼워진다. 그래서 보이지 않는 권력자들은 말이 아닌 '침묵'을 사용한다. 가령 상대방이 방 안에서 불편하게 시선을 피하며 말을 길게 이어갈 때, 이들은 조용히 바라본다. 그러면 상대방은 더 조급해지고, 이 침묵이 '숨겨진 힘'을 암시하게 된다.

그다음 '거울 효과'이다. 보이지 않는 권력자들은 특별한 지시를 내리지 않고, 상대방의 말과 행동을 비춰주기만 하는 거울 같은 태도를 보인다. 그러나 그 거울에는 아주 미묘한 '조정'이 들어간다. 상대방은 본인 생각을 자유롭게 펼치고 있다고 믿지만, 사실 그 거울이 보여주는 왜곡된 반사에 맞춰 움직이게 된다.

권력의 메커니즘

다크 심리학에서 말하는 '기만, 조작, 속임수'와 '신비 유지'가 결합하면, 권력자는 마치 창조주인 양 자신을 그려낸다. 크게 3단계의 메커니즘(Mechanism)으로 돌아간다.

> 1단계: 나는 전면에 나서지 않는다.
> 2단계: 상대방에게 주도권을 준 것처럼 보인다.
> 3단계: 상대방이 선택한 모든 것이 내 의도와 맞닿게 만든다.

이러한 메커니즘이 정확히 돌아가기 위해서는 주변 사람들이 '왜 이 길을 택하게 되었는지' 논리적 설명을 되뇌도록 유도해야 한다. 권력자가 직접 "이렇게 해!"라고 말하면 강압이지만, "네가 생각했을 때 이게 최선인 거지?"라고 유도하면 스스로 납득한 결론처럼 느낀다.

이들은 주변 상황이나 사람들을 세밀히 관찰하고, 틈새를 파고드는 법을 학습한다. 바로 '자기 학습'이다. 보이지 않는 권력을 행사하려면, 상호작용을 통해 본인의 작전이 어떻게 반응을 불러일으키는지 끊임없이 살피고 수정해야 한다.

보이지 않는 권력이 흔히 목격되는 장면 중 하나는, 조직의 위계 구조가 어긋나 있을 때다. 겉보기엔 분명히 공식 지휘이 존재한다. 하지만 실제로는 '보이지 않는 브로커' 혹은 '숨겨진 실세'가 모든 것의 흐름을 쥐고 흔든다. 이런 인물은 공식 회의에서 별다른 발언을 하지 않을 수도 있다. 대신 회의가 끝난 후 복도나 식사 자리에서 슬쩍 말을 흘리거나, 특정 인물에게만 정보 한 자락을 '귀띔'한다.

그리고 그 정보가 다시 퍼져나가면서, 권력자의 입김이 증폭된다. 이때 당사자는 티 내지 않고 한 발 뒤에 서서, "내가 그런 말을 했다니? 직접 언급한 적 없어"라고 발뺌이 가능하도록 유도한다. 그러면서도 결과적으로는 자기 뜻이 반영되도록 판을 조종한다. 이 모호한 거리감이야말로 신비 유지의 핵심이다.

그런데 이 권력을 인지하는 게 쉽지만은 않다. 보이지 않는 권력은 '근거'를 뚜렷이 제시하지 않는다. 그러니 당연히 의심을 받기도 어렵다. 이유를 찾을 수 없으면, 사람들은 음모론을 떠올리거나 "저건 우연일 뿐이야"라고 치부하게 된다.

이 권력의 정체는 우연이 아니라, 세심한 암시와 심리적

틈새 공략이다.

다만 드러난 증거가 적고, 공적인 지위가 보이지 않기에 '그럴 리 없어'라고 부정하는 것이다. 이 부정이야말로 은밀한 권력자에게 최적의 환경을 제공한다. 내가 누군지도 모르고, 내 존재 자체를 상상조차 못 한다면, 아무도 내게 책임을 물을 수 없어서다.

결국 '보이지 않는 권력'이 유지되는 비결은 상대방에게 '모른다'라는 것을 깨닫게 하지 않는 것이다. 즉 "나는 이미 네 안을 꿰뚫고 있어"라는 암시를 통해 방어심을 무력화한다. 그러나 권력의 메커니즘을 알게 되는 순간, 그 영향력은 급격히 줄어든다.

또한 이 권력을 역으로 이용할 수도 있다. 3가지 방법을 소개한다.

- 상대방이 '침묵'으로 일관한다면, 일부러 '명확한 질문'을 던져 말하게 함으로써 미지의 영역을 끊어낸다.
- '거울'에 비춘 내 모습이 진짜인지 의심하고, 일부러 다른 방식으로 반응해 본다.
- 정보의 유통경로를 확인하고, 특정 인물이 모든 정보

를 쥐고 있는 건 아닌지 점검한다.

　이 작은 행위들만으로도 은밀한 권력자는 더 이상 신비를 유지하기가 어려워진다.

　일본의 사무라이들이 검술보다 먼저 익힌 것은 마음이었다. 그들은 검술을 배우기 전, 검이 사람의 생명을 어떻게 빼앗는지를 먼저 배웠다. 그리고 그 검이 가져올 파괴와 책임부터 익혔다. 그래서 베는 법보다 '멈추는 법'을 먼저 배웠다. 하지만 어리석은 자는 '자신의 존재를 드러내고자' 검을 쥐고 날뛴다. 그러나 진짜 강한 자는 칼집 속 칼처럼 조용하다. 꼭 필요할 때만 나오고, 나왔을 땐 이미 모든 것이 끝나 있다.

　'보이지 않는 권력'도 마찬가지다. 그 힘은 드러내지 않을 때 오히려 깊어진다. 두려움이든 존경이든, 그것은 상대방이 당신의 전부를 알지 못할 때 생긴다. 도리어 전부를 보여준 순간, 사람들은 안다. '이 사람도 결국 나와 똑같구나.' 그때부터 그 힘은 서서히 깎여나간다.

사람을 조종하기 위한 신비는 결국 자신을 고립시킨다. 하지만 사람을 지키기 위한 거리감, 조직을 다치지 않게 하기 위한 침묵은 힘이 아니라 '품격'이다. 신비란 결국 어둠의 일부다. 즉 어둠을 감추는 것이 아니라, 다루는 기술이다. 너무 깊이 숨기면 관계를 상처 입히고, 너무 일찍 드러내면 스스로가 허무해진다. 그러니 물어야 한다.

"나는 왜 숨고 싶은가?"

"나는 왜 드러내고 싶은가?"

그리고 그 물음 끝에서, 당신은 한 자루 검을 쥔 사무라이처럼 결정적인 순간에 말이 아니라 '존재 자체로' 움직일 수 있는 사람으로 남게 될 것이다.

• 경계 유지 •

승리 후가 가장 위험한 순간이다

승자와 타인의 심리전

'승리'라는 단어에는 강렬한 쾌감이 뒤따른다. 시험에서 일등을 하거나, 경쟁자를 제치고 승진하거나, 원하던 사람과 연애할 때 느끼는 그 달콤함. 문제는 바로 그 순간, 대부분의 사람이 무방비해진다는 것이다. 우리는 너무 오랫동안 패배를 두려워하며 '긴장 상태'로 살아왔다. 그러다가 간절히 바라던 승리를 이루면, 어깨에 잔뜩 힘이 들어가면서 자신에게 이런 말을 건넨다.

"이제 좀 쉬어도 되겠지."

이 말속에는 해묵은 압박에서 해방된 기쁨이 녹아 있지만, 동시에 '경계심이 낮아진다'라는 함정이 숨어 있다. 이는 다크 심리학 관점에서 보면 정말 치명적이다. 왜일까? 지금 당신이 막대한 권력을 손에 넣거나, 원하는 사람의 마음을 얻는 데 성공한 순간을 생각해 보자. 그 소문이 퍼지는 즉시 당신을 시샘하는 이들은 쾌재를 부를 것이다.

"잘나가는 네가 언제, 어떻게 무너지는지 지켜보겠다."

그들은 당신의 허점을 공격 포인트로 삼기 때문이다.

'승자'의 방심은 정말 위험하다. 인간은 이득을 얻는 데 탁월한 동물이어서다. 특히 '다크 트라이어드'로 분류되는 마키아벨리스트, 나르시시스트, 사이코패스 같은 이들은 '상대가 강할 때보다 약할 때'를 더 무서워한다. 왜냐하면, '진짜 강자'는 변수가 적어 공략이 어렵지만, 강자였던 사람이 '방심하는 순간'에는 그들이 치고 들어올 틈이 생기기 때문이다.

마키아벨리스트는 숨어 있다가 '기회'를 엿본다. 당신이 승리를 만끽하느라 느슨해졌을 때 물밑 작업을 통해 당신의 영향력을 조금씩 갉아먹는다. 회의 분위기를 교묘하게 뒤집거나, 당신이 구축해온 인맥의 신뢰를 슬쩍 흔들어 댄다.

나르시시스트는 '승자의 자리'를 탐낸다. '저기 앉으면 내게 관심이 쏟아지겠지?'라고 상상한다. 그러면서 승자의 이미지를 깎아내리고, 자신이 진정한 능력자라고 과시하려 한다.

사이코패스는 '공포'를 이용한다. 당신의 과거 실수나 약점을 쥐고 협박하거나, 심리적 압박감을 주어 혼란을 일으킨다. 승리의 명예가 땅에 떨어지지 않길 원하는 당신의 간절함을 역이용해 값을 요구한다.

승리 후의 방심은 단순히 개인의 교만 문제가 아니라, 주변에 포진한 '은밀한 적'을 불러 모으는 신호탄이 된다.

승리 뒤의 그림자

우리는 승리를 만끽하면서도, 그 이면에 어떤 그림자가 드리우고 있는지 자주 간과한다. 가령 자신의 성공담에 빠지면 사람들의 시선이 모두 박수와 존경으로만 이어질 거라 믿는다. 하지만 현실은 절대 그렇지 않다. 어느 순간부터 당신의 가까운 지인이었던 이들조차도 미묘하게 태도를 바꿀 수 있다.

"부러워서 그런 건 아니고…"

"너 요즘 너무 잘나가니까 자중해."

사람들은 승자에게 무의식적인 질투를 품기도 하고, 한편으로는 '저 자리가 내 것'이라는 욕망을 드러내기도 한다. 그렇다면 과연 '승리'란 무엇인가? 잘 생각해 보면, 그건 목표 달성의 끝이 아니라 또 다른 전쟁의 서막일 수 있다. 전쟁을 치르느라 지쳤고, 이제 편히 쉬고 싶다는 마음이 이해되지 않는 건 아니다. 하지만 다크 심리학은 단호하게 말한다.

'가장 치열해야 할 때가 바로 승리 직후다.'

패배자가 아닌 '승리자'의 칼끝을 노리는 이들이 분명히 존재하기 때문이다. 역사 속 전쟁이나 조직 내 권력 다툼에서 끊임없이 반복된 교훈이 있다. 특히 '큰 전투에서 승리한 후가 곧 패배의 서막'이 된 사례를 통해 현재를 되짚어볼 수 있다.

예컨대 어떤 장수는 적의 수도를 점령한 뒤 흥청망청 축하연을 열었다가 허를 찌르는 역습에 무너졌다. 이와 비슷하게 어떤 CEO는 스타트업을 급격히 키워 큰 투자 유치에 성공했지만, 정작 내부적으로 제대로 된 재무관리 시스템을 구축하지 못해 곧바로 시장에서 신뢰를 잃었다.

이렇듯 '이겼다'라는 안도가 모든 감각을 마비시킨다. 전쟁은 끝났다고 착각하지만, 사실상 방어가 허술해진 그 순간을 노리고 있던 적이 숨어 있다. 만약 그 적들이 마키아벨리즘이나 나르시시즘 성향을 지녔다면, 당신이 일궈낸 공을 낚아채려 온갖 술책을 동원할 것이다.

결국, '진짜 승자'는 마지막에 살아남는 사람이다. 단순히 '누가 먼저 목표 지점에 도달했는가'가 아니라, '누가 마지막까지 그 자리를 지키며 다음 단계로 도약하는가'가 승패를 가른다. 이를 위해서는 승리 뒤 곧바로 경계를 조율하고, 주변인들을 파악하며, 자신이 확보한 자원을 관리할 수 있는 냉정함이 필수다.

우리가 승리 후의 나태함에 빠지지 않고, 더욱 깊은 통찰력과 자율적 판단을 발휘할 수 있다면, 그 승리는 일시적 불꽃이 아니라 오래 지속되는 빛이 될 수 있다. 반대로, "이제 끝났으니 걱정할 거 없어"라고 방심한다면, 언제 어느 순간에든 치명적인 습격이 들어올 수 있다는 사실을 기억하자.

다크 심리학을 조금이라도 이해한 사람이라면, '승리 후가 가장 위험한 순간'이라는 격언의 의미를 바로 깨달을 것이다. 이것은 단지 겁을 주는 말이 아니다. 정신적, 물리적, 사회적 분야에서 우리가 쌓아온 모든 성취를 지키는 열쇠가 바로 이 '경계심'에 달려 있다.

승리를 기뻐하는 건 당연하다. 그러나 환호 속에서 '내가 무엇을 보호해야 하며, 어느 지점을 보강해야 하는지'를 잊지 말라. 뒤돌아보면, 발밑에는 여전히 함정이 깔려 있을지도 모른다. 진짜 위기는 항상 '안도'의 바로 다음 장면에서 시작된다. 결국 칼을 거둔 검객에게 적들은 주저 없이 달려든다. 바로 그 순간을 노리고 있었기에.

패배가 무서운 게 아니다. 진짜 무서운 건 승리에 취해 모든 감각을 잃는 것이다.

그걸 아는 사람만이 마지막까지 승자로 남는다.

DARK APHORISM

삶의 무기가 되는
다크 심리 기술

당신이 만약 '다크 심리 기술'을 어설프게 시도한다면, 상대방의 분노를 유발하는 등 오히려 역효과를 당할 위험성이 있다. 또한 뒤집어서 생각하면, 이러한 방식으로 당신에게 접근하는 사람을 경계하라.

#1

필요해서가 아니라, 인정받고 싶어서

상대방의 욕망을 자극하고 싶다면 이렇게 말하라.
"당신은 아직 준비가 안 된 것 같아요."
이 말은 단순한 조언이 아니라, 상대방의 판단과
선택을 건드리는 '심리적 경계선'이다.

상대방과 거래 협상 중이라면 이렇게 말해보라.
"이건 꽤 큰 거래예요. 감당할 준비 되셨나요?"
그 순간부터 상대방은 의문에 사로잡힌다.
'왜 내가 준비 안 됐다고 생각하지?'
협상의 주도권은 조용히 당신에게 넘어온다.

대부분 사람은 겉으론 '아니다'라고 말하지만,
속내는 그 말을 반박하고 싶어 한다.
자신이 준비됐다는 걸 증명하고 싶고,
오히려 처음보다 더욱 간절해진다. 왜일까?

'당신은 안 된다'라는 말에 본능적으로 반발해서다.

이러한 반발은 그냥 단순한 반응이 아니다.
자신의 가치를 의심받았다는 불쾌감,
결정권을 빼앗겼다는 심리에서 나오는 무력감이다.

사람의 궁금한 심리는 뒤로 물러서게 하지만,
의심받은 자존감은 앞으로 나서게 만든다.
결국 상대방은 '사게 해달라'고 말하게 된다.
마치 처음부터 스스로 원했던 것처럼 말이다.

**'욕망은 결핍보다 의심에서 강하게 자라나기에
자격을 의심받을수록 더욱 간절함을 느낀다.'**

상대방의 마음을 읽는 방법

상대방의 마음을 읽고 싶다면, 다섯 가지를 기억하라.

첫째, 상대방이 과거 사건을 회상하면서 갑자기 '현재 시제'로 말하기 시작한다면, 거짓말을 하고 있을 가능성이 높다.

둘째, 거짓말쟁이는 자신의 거짓말을 더 설득력 있게 만들기 위해 종종 실제 기억에서 '일부 세부 사항'을 빌려온다.

셋째, 슬픔을 가장하고 있는 사람은 한 손으로 눈물을 닦는다. 진짜로 슬픈 사람들은 두 손을 사용한다.

넷째, 함께 앉아 있을 때, 상대방이 내가 있는 쪽으로 다리를 꼰다면, 무의식적으로 '편안함'을 느끼는 것이다. 반면 내 반대쪽으로 다리를 꼬았다면 '떠나고 싶다'란 의미다.

다섯째, 상대방이 자신을 변호하면서 갑자기 목소리를 높인다면, 거짓말을 하고 있을 가능성이 높다.

'사람의 마음은 얼마든지 숨길 수는 있지만,
표정, 몸짓 등 비언어적 표현으로 알 수 있다.'

(#3)

자신감과 존재감을 드러내라

함께 대화할 때 상대방이 말을 끊는 건,
무의식적으로 당신을 지배하려는 시도다.

그 순간, 당황해하거나 말을 멈추지 마라.
그러면 상대방은 주도권을 가져가게 되고,
당신은 위축된 인상을 남기게 된다.

반면 말을 멈추지 않고 자연스럽게 이어가면,
상대방은 자신이 실례를 저질렀다고 느낀다.

그렇게 당신은 대화의 흐름을 잃지 않은 채
자신감과 존재감을 높일 수 있게 된다.

'중단당해도 끊기지 않고 이어가는 태도,
그것이 사람을 강하게 만든다.'

#4

시선을 읽거나, 시선을 끌거나

누군가가 당신을 바라만 볼 뿐
말을 걸지 않는다면,
결코 단순한 우연이 아니다.

그건 상대방이 당신을 경계하거나
자신의 감정을 숨기고 있거나
당신을 동경하고 있을 가능성이 크다.

눈은 거짓말을 하지 않는다.
시선은 단순히 보는 행위를 넘어서
감정을 직관적으로 전달한다.

갑자기 시선을 멈추는 건 내면이 흔들려서다.
그 시선을 읽을 줄 안다면,
상대방의 속마음이 보이기 시작한다.

'시선을 읽거나, 시선을 끌거나
어떻게 시선을 쓰느냐에 따라 관계가 달라진다.'

#5

때론 '몸짓 언어'를 사용하라

분위기를 장악하고 싶다면,
적절한 몸짓 언어(Body Language)를 사용하라.

첫째, 방에 들어가며 문을 닫을 때 뒤돌아보지 마라.
그냥 조용히 들어가서 문만 닫아라.
그런 단순한 행동 하나로 존재감이 각인된다.

둘째, '웃는 얼굴'을 너무 많이 보이지 마라.
웃는 얼굴을 남용하면 경계심을 없애고,
경계심이 없는 사람은 만만해 보인다.

셋째, 주머니에 손 넣고 걷는 버릇을 고쳐라.
주머니에 손을 넣는 건 자신만만함이 아니라,
두려워서 도망칠 준비를 하는 사람으로 보인다.

넷째, 목소리는 낮고 단단하게, 말끝은 흐리지 마라.
'음…', '그러니까…', '약간…'

이런 말투는 당신의 말이 아니라,

당신의 불안을 먼저 전한다.

'때론 말 한마디보다, 몸짓이나 태도가 정확하다.'

#6

약점을 '기회'로 삼아라

누군가가 당신을 얕잡아본다면
그건 약점이 아니라 '기회'다.
상대방은 스스로 우위를 느끼는 순간,
자신의 허점을 '방심'으로 드러낸다.

바보를 속이려면
먼저 바보인 척해야 한다.
눈치 없이 해맑게 웃고,
다 알아도 모르는 척해라.

당신이 멍청해 보일수록
상대방은 자신이 똑똑하다고 착각한다.
상대방의 그 착각이 깊어질수록
당신의 계획은 조용히 완성된다.

'상대방 스스로 유리하다고 믿게 만든 후
결정적인 순간에 반격하라.'

#7

명령하지 말고 유도하라

상대방을 복종하게 만들고 싶은가?
그러면 직접적인 명령을 내리지 마라.
자신이 직접 '선택'했다고 느끼게끔
상대방이 원하는 '행동의 틀'을 만들어라.

첫째, 선택지는 제한하고 유도하는 질문을 하라.
둘째, 직접 선택하고 동의했다는 점을 강조하라.
셋째, 강제적으로 요구하지 않았다고 알려줘라.

이렇게 '보이지 않는 암시'를 반복하는 것이
상대방을 직접 통제하는 것보다 더 효과적이다.

인간은 자신의 삶을 스스로 선택하고,
통제하고 있다는 믿음으로 사는 존재다.
그렇기에 절대로 속았다고 인정하지 않으며
그저 '운명이었다' 말하고 넘겨 버린다.

'가장 위험한 통제는 스스로 자유롭다고 느끼는 통제다.'

#8

'이해의 착각'에서 벗어나라

당신은 그들에게 이해받았던 적이 없다.
그저 '이해받고 있다'란 착각에 빠져 있었다.

그들은 당신의 불안함을 비추면서
기분 좋을 때는 더 부풀리고,
'도망갈 듯 말 듯' 거리를 유지하며
당신으로 하여금 계속 쫓게 만들었다.

그건 그들이 '설계한 결과물'일 뿐이다.
결국 이해한다는 착각이 당신을 고립시킨다.
이제 '이해의 착각'에서 벗어나야 한다.

**'이해받고 있다는 착각에서 벗어나
이해하려는 노력을 주고받아야만 한다.'**

#9

중요한 것은 프레임이다

논쟁에서 이기려고 하지 마라.
논쟁거리 자체에는 딱히 승패가 없다.
논쟁을 '어떤 시선'으로 바라보고,
'어떻게 인식하느냐'에 따라 결과가 정해진다.

당신이 프레임을 장악하게 된다면
상대방이 말 한마디를 꺼내기도 전에
이미 그 논쟁에서 이긴 거나 다름없다.
상대방은 당신이 허락한 방식으로 움직인다.

인간의 감각적 경험과 사고 판단은
프레임의 영향력 아래 놓여있다.

'논쟁이 아닌 프레임을 장악하라.
상대방을 통제하고, 그 관계를 주도할 수 있다.'

#10

프레임을 역이용하라

프레임을 이길 수 없다면, '힘의 방향'을 바꿔라.
가령 '말의 의미'를 다시 정의하는 것이다.
상대방이 던진 "넌 너무 공격적이야"란 말은,
"결과가 중요하면, 난 빠르게 움직여"로 대처하라.

'비난'은 논쟁의 대상이 아니라 재가공할 소재다.
그럴듯한 성향처럼 보이도록 포장하라.

심리는 '사실'보다 '맥락'에 더 쉽게 휘어진다.
그러니 그 맥락 자체를 당신이 설정하라.
상대방이 던진 프레임에 숨겨진 욕망을 읽고,
그걸 사용해 '게임의 판'을 다시 짜라.

당신이 불리하다고 느끼는 바로 그 순간,
'게임의 판'을 다시 짤 수 있는 기회가 온다.

'프레임은 어디로 가야 하는지를 알려주지만,
 그 방향은 당신이 직접 선택해야 한다.'

#11

약점을 '기회'로 삼아라

누군가가 당신에게 '넌 변했어'라고 말한다면
그 말의 진짜 의미는 이것이다.

"넌 더 이상 내 '감정적 도구'가 아니야."

그 사람은 당신의 변화를 두려워하는 게 아니다.
더 이상 당신을 통제할 수 없다는 것을 두려워한다.

오히려 이것을 반대로 생각하면,
당신의 기세(氣勢)가 강해졌다는 의미다.

'삶이란 변화의 연속이다.
변화를 받아들여야만 살아남을 수 있다.'

#12

순응하지 말고, 불복종하라

불복종(不服從)은 일종의 신호다.
'당신의 명령과 결정을 따르지 않겠다'라는.
또한, 불복종은 '조용한 협상'의 방식이다.
'규칙은 알지만, 그대로 따르지 않겠다'라는.

대부분의 사람은 불복종을 두려워한다.
조직이나 권위자에 순응하지 않으면
불이익과 원치 않던 결과가 나온다고 믿어서다.

그러나 때론 불복종이 나를 성장시키는 요인이 되며,
까다로운 사람이 순응하는 사람보다 더 존중받는다.

'권위자의 명령이나 조직의 결정을 곧장 따르지 않고,
처한 상황에 따라 거절하는 불복종도 필요하다.'

#13

권위에 대한 복종

누구나 한번은 이런 생각을 하게 된다.
'내가 한 선택은, 정말 내 자유 의지인가?'
'아니면 누군가의 힘에 의해 결정된 건가?'

심리학자 스탠리 밀그램(Stanley Milgram)도 같은 생각을 했다.
'사람들은 왜 권위에 복종하는 걸까?'
그는 이를 증명하기 위해 실험을 한다. 참가자들은 각각 '교사'와 '학생' 역할을 맡는다. 그리고 실험자는 '권위자' 역할이다.
'교사'는 학생에게 문제를 내고 틀릴 때마다 '전기 충격'을 가하라는 명령을 받는다. '학생'은 점점 강해지는 전기 충격에 고통스러운 비명을 지르며 '그만 멈춰달라'고 사정한다.
그러나 '권위자'는 이렇게 말한다
"계속 진행해 주세요."
"실험을 위해 필요합니다."
"당신에게는 책임이 없습니다."
"모든 책임은 내가 집니다."

실험 결과, 참가자(교사 역할)의 65%가 사람(학생 역할)이 극심한 고통을 호소해도 계속 전기 충격을 가했다. 이들은 고통을 즐기는 사디스트가 아닌, 평범한 사람들이었다. 그런데 왜 계속 전기 충격을 가했을까? 바로 권위자(실험자)가 명령을 내렸기 때문이다. 이들은 '시킨 대로 했을 뿐'이라며 회피했고, '올바른 행동'을 했다는 정당성도 느끼고 있었다.

이 실험과 같은 장면을 본 적 있지 않은가? 이는 학교나 회사에서, 사회 조직이나 소위 전문가들에게서 반복되고 있다.

그리고 이 실험은 말한다.

'인간이 괴물이 되는 것은, 잔인해서가 아니라 복종했기 때문이라고.'

#14

사실이 아닌, 사실처럼 보이는

거짓말은 굳이 하지 마라.
사실(Fact)은 아니지만,
'사실처럼 보이는' 무언가를 말하라.

기술적으로 사실이고,
감정적으로 무게감도 있지만
전략적으로 '비어 있는' 이야기.

'레토릭(Rhetoric)'은 사실이 아니다.
사실을 담는 '그릇'일 뿐이다.
레토릭의 원리와 기법을 이해하고 활용하라.

'사람들은 자신이 보고 싶은 것만 믿으며,
사실이 아닌 자신에게 필요한 확신을 믿는다.'

#15

때론 침묵이 말보다 강하다

사람을 조용히, 은밀하게 조종하고 싶다면,
말보다 '침묵'을 사용해라.

단순히 '말하지 않는 것'을 넘어
의사소통의 수단으로 침묵하는 것은,
말하지 않음으로써 더 많은 것을 얻게 한다.

핵심은 간단하다.
'중요한 말을 한 뒤 잠깐 멈추는 것.'

그 침묵이 상대방의 뇌에 '그 말'을 붙잡게 한다.
계속 기억나게 하고, 무수한 생각이 일어나고
결국 상대방 스스로 '중요하다'라고 느끼게 된다.

말 많은 건 금방 잊히지만,
'무게감 있는 침묵'은 오래 남기 때문이다.

또한, 겉으로 조용해 보이는 사람도,

그 침묵 속에 조종의 의도가 숨어있음을 주의하라.

'때론 침묵하는 것은,

상대방의 판단을 나에게 유리하도록 만들어 준다.'

#76

거만한 사람을 무너뜨리는 법

자기 스스로 '똑똑하다'라고 믿으며
거만한 사람을 무너뜨리고 싶은가?
그 방법을 알려주겠다.

처음 만났을 때는
당신이 '읽히기 쉬운 사람'처럼 행동하라.
단순하고 예측할 수 있는 방식으로.
그들이 '파악했다'라고 착각하게끔 만들어라.

두 번째 만남에선
'조금만' 다르게 행동하라.
아주 조금, 그들이 헷갈릴 정도로만.
그들은 '내가 잘못 본 건가?' 의심할 것이다.

세 번째 만남에선
두 번째 만남보다 더 다르게 행동하라.
이쯤 되면 그들은 '당신이 뭔가 숨긴다'라고 느낀다.

그때부터 '당신의 정체'에 대해 집착하게 된다.

그리고 네 번째.
완전히 '다른 사람'처럼 말하고 행동하라.
그들이 생각한 당신의 이미지와 정반대로.
그러면 그들은 자신의 판단력, 통찰력은 물론
자신의 지능까지 스스로 의심하기 시작한다.

**'당신은 아무 말도 하지 않았지만,
그들은 스스로 자기 확신을 무너뜨릴 것이다.'**

#17

상대방을 내 편으로 만드는 법

누군가를 '내 편'으로 만들고 싶은가?
그렇다면 그 사람에게 '부탁'을 하라.

과연 왜 그럴까?
사람은 누군가에게 도움을 줄수록
그 사람을 좋아하게 되는 역설적인 심리가 있다.

즉 그 사람이 나를 도와줘서가 아니라,
내가 그 사람을 도와줬기 때문에 호감을 느낀다.

이것은 당신의 적(Enemy)에게도 마찬가지다.
아무리 적이어도 자신이 도와준 사람은,
그 사람을 싫어한 자신을 정당화하기 어렵다.
'싫어하는 사람을 왜 도와줬지?'
그 모순을 해결하기 위해
자기도 모르게 적에게 호감을 느끼게 된다.

#18

몸짓으로 상대방을 제압하는 법

몸짓으로도 '강함'을 표현할 수 있다.
허리와 등을 똑바로 펴고, 어깨는 편하게.
하지만 '힘 있는 자세'를 유지하라.
이것은 단순한 자세가 아니라,
'자신감'을 온몸으로 뿜어내는 것이다.

시선에는 흔들림이 없어야
주도권이 있다는 걸 보여줄 수 있다.
말할 땐 손을 열어 보여야
진정성 있고 편안해 보인다.

중요한 얘기를 할 때는 손을 모아라.
듣는 이로 하여금 집중력을 높여준다.
상대의 몸짓을 살짝 따라 해봐라.
그러면 친근함이 생긴다.

상대와의 거리도 신경 써야 한다.

존재감을 주고 싶으면 가까이에,
부담 줄 것 같으면 살짝 떨어져라.
모든 건 맥락에 따라 조절하는 것이다.

**'부자연스러운 몸짓은 악영향을 끼칠 수 있으니,
상대방이 공감할 수 있도록 자연스럽게 움직여라.'**

#19

상대방의 속마음을 알아내는 법

인간의 뇌에는 질문을 차단하는 '문지기'가 존재한다.
그 문지기는 본능적으로 이렇게 생각한다.
'내가 무슨 말을 하는지 조심해야 한다'라고.

그러므로 질문 대신에 '문장'을 사용하라.
가령 당신이 "지금 일에 만족해요?"라고 물으면,
상대방은 "괜찮아요" 짧게 말하고 곧 침묵한다.

그렇다면 이렇게 말했다고 가정하자.
"배달 일을 꼭 하고 싶어요. 운전도 하며 돈도 벌고."
그러면 '문지기'는 잠들고, 상대방은 조금씩 흥분한다.
"배달비는 돈도 적고, 주말에도 일해야 해요."

이제 다른 전략을 써야 한다.
"에이, 그래도 돈 많이 벌잖아요."
상대방은 조금씩 속마음을 털어놓을 것이다.

핵심은 이것이다.

'사람은 질문에는 방어하지만, 자기 확신에는 반응한다.'

'말이 아닌 반응을 봐야 한다. 그게 진짜 속마음이다.'

그러니 의도를 감추고, 의견처럼 말하라.

그러면 상대방은 정정하려 들 것이고,

그 정정 속에는 진심이 섞여 나온다.

'정보는 강제로 뺏는 게 아니라, 스스로 꺼내게 만드는 것이다.'

#20

침묵은 불안을 자극한다

상대방이 뭔가를 말하지 않는다면,
"괜찮아, 이미 알고 있어"라고 말해라.
그러면 그 사람은 호기심 때문에
당신이 '뭘 알고 있는지' 묻거나
'잘못 알고 있다'라며 정정해 줄 거다.

침묵과 비밀은 인간의 불안을 자극한다.
상대방은 당신이 무엇을 알고 있는지 불안해하며,
무의식적으로 자신이 숨기던 것을 스스로 밝힌다.
사람의 마음은 자신이 통제권을 잃었다는 느낌을
견디지 못하기에 진실을 말해 버림으로써
다시 통제감을 회복하려 한다.

**'불안은 자기 내면의 목소리를 무시할 때
 더 커지기 마련이다.'**

#21

손짓에 담긴 비밀

말할 때 '손동작 쓰기'를 두려워하지 마라.
사람들은 당신의 입보다 손짓에 더 쉽게 지배당한다.
당신의 손짓은 상대방의 무의식에 침투하여
당신을 거부할 수 없게 만든다.

인간의 뇌는 말보다 손짓에 더 강렬한 신호를 받는다.
사람은 상대방의 손짓과 움직임을 통해
무의식적으로 신뢰와 확신을 느끼며,
스스로 저항하지 못하는 지점까지 도달한다.

언어는 거짓을 담을 수 있지만,
손짓은 상대의 본능적 판단력을 무너뜨리고
당신의 의도를 무의식 속 깊숙이 심어 놓는다.

'결국 당신의 손짓 하나가 상대방의 마음을 지배하고,
 상대방은 당신을 거부할 이유를 잃어버린다.'

 # 22

마음도 거래가 된다

상대방이 당신 앞에서 편안하게
속마음을 털어놓길 바란다면,
먼저 당신의 비밀 하나를 말해줘라.

당신의 작은 고백은
상대방을 심리적으로 '빚진 상태'로 만들고,
속마음을 쉽게 끌어낼 수 있게 한다.

사람은 자신에게 무언가를 준 사람에게
무의식적으로 보답해야 한다는 부담감을 느낀다.
작은 비밀 하나를 털어놓는 것은 신뢰의 표시이자

상대방에게 던져진 '보이지 않는 의무'다.
상대방은 이 미묘한 빚을 갚기 위해
자신의 숨겨진 감정과 비밀을 쉽게 꺼내놓게 된다.

'사람의 마음이란 가장 은밀한 거래이다.
진심을 알고 싶다면 먼저 작은 대가를 지불하라.'

길들여진 선택

은밀하게 결정을 유도하고 싶다면,
당신이 원하는 선택을
다른 사람들의 예시로 포장하라.

사람은 본능적으로
집단을 따라가려는 경향이 있다.
'다른 사람들도 그렇게 했다'라는 말 한마디는
상대방의 선택을 교묘히 조종하는 무기가 된다.

사람은 스스로 결정을 내린다고 믿지만,
사실 자신도 모르게 타인의 선택을 따라 움직인다.
사람들의 선택은 독립적인 판단이 아니라,
'보이지 않는 손'이 교묘하게 짜놓은 덫 속에서
이미 정해져 있는 경우가 많다.

인간은 홀로 있을 때조차 군중 속에 머물고 있으며,
자신이 '다수와 같다'라고 믿는 순간 안도감을 느끼며

'길들여진 선택'을 반복할 뿐이다.

'결국 독립적인 결정이란 환상일 뿐이며,
자신도 모르는 사이 타인의 결정에 조종당한다.'

#24

사랑과 돈의 상관관계

사람들은 늘 '사랑'과 '돈' 중에

무엇이 더 소중한지 고민하는 척하지만,

현실은 돈이 모든 걸 지배한다.

'사랑'이라는 아름다운 단어는

'돈의 그림자'에 불과하다.

사랑이 영원할 거라 믿고 싶지만,

현실에서 모든 관계는

돈 앞에서 무너지고 흔들린다.

아무리 깊었던 신뢰도, 간절했던 마음도,

이익이 사라지면 순식간에 버려지고 만다.

사람들은 변한 것이 아니라,

그저 감춰둔 본색을 드러낸 것뿐이다.

돈의 무게 앞에서 진심이라는 말은

공허한 속삭임으로 전락하고,

아름답게 포장된 감정들은
허무하게 무너져 내린다.

**'모든 관계의 밑바닥엔
돈이라는 차갑고 무정한 현실만 남는다.'**

인간 조종 기술

다음은 90%의 사람들이 너무 늦게 배우는 조종 기술이다.

1. 최고의 전략은 상대방을 '혼란스럽게 만드는 것'이다.
가령 누군가가 당신을 모욕하면, 잠시 멈추고 상대방을 바라보며 '괜찮아요?'라고 물어보라. 이 기술은 항상 효과적이다.

2. 상대방이 거짓말을 하고 있다는 생각이 들면, 그 사람의 눈을 바라보며 아무 말도 하지 말라. 그러면 상대방은 "내가 거짓말한다고 생각해?"라고 물을 것이다.

3. 상대방과 논쟁 중일 때는 목소리를 차분하게 유지하라. 그러면 상대방은 스스로 '당신이 논쟁에서 이기고 있다'라는 인상을 받는다.

4. 누군가에게 부탁할 때는 "당신의 도움이 필요해요"라고 말하며 부탁하라. 그러면 부탁이 성사될 확률이 높다. 사람들은 누군가를 돕지 않으면 느끼는 '죄책감'을 싫어하기 때문이다.

5. 당신의 의견에 상대방이 동의하도록 만들고 싶다면, 대화 내내 고개를 끄덕이라. 그러면 상대방도 고개를 끄덕이게 되고, 무의식적으로 당신의 의견에 동의한다고 생각하게 된다.

6. 누군가가 당신을 이용한다고 믿는다면, 한 번쯤은 잘해줘라. 친절함은 오해와 부정적인 생각을 막아준다.

7. 상대방이 질문만 많고 자신의 속내를 절대 드러내지 않는다면, 그 사람을 경계하라. 숨겨진 의도가 있을지도 모른다.

8. 상대방의 말을 듣는 건 좋은 일이다. 내가 말하는 것보다 경청하는 것만으로 많은 정보를 얻을 수 있다.

9. '7번'과 '8번'은 상반된다. 적절한 상황에 맞춰서 사용해야 한다.

인간 조종 기술은 상대방이 '의식적으로 하는 인식'을 역이용해 그 사람의 행동과 결정을 통제하는 기술이다. 사용자의 의도와 상황에 따라 윤리적 평가가 달라질 수 있음을 명심하라.

#26

누군가에게 깊은 관심과 큰 칭찬을 하다가 갑자기 멈추면, 그 부재가 상대방의 내면에 공허함을 만든다. 이때부터 상대방은 당신을 깊게 그리워하고, 당신의 인정을 갈구하게 된다.

#27

상대방이 당신을 사랑하게 만들고 싶다면 '삼각형 방법'을 사용하라. ①눈을 마주치고, ②미소를 짓고, ③가벼운 신체 접촉으로 관심을 표현하는 것이다. 이 세 가지를 순서대로 반복하면, 상대방은 당신에게 끌리게 된다.

#28

누군가가 당신에게 소리를 지른다면, 그 사람의 눈을 보고 이렇게 말하라. "사람들이 당신에 대해 말한 게 전부 사실이군요."
그러면 상대방은 더 이상 말하지 않을 것이다.

#29

상대방을 불안하게 만들고 싶다면, 그 사람의 이마를 바라보라. 눈을 마주치는 대신 이마를 보는 것이, 상대방에게 '자신이 불편하거나 위협을 느끼고 있다'라고 생각하게 만든다.

#30

상대방의 말이 거짓인지 알고 싶다면, 그의 행동을 주의 깊게 관찰하라. 누구나 거짓말을 할 때는 행동이 눈에 띄게 변한다. 일반적으로 '시선을 피하거나 긴장한 듯한 모습'을 보이며, '얼굴이나 머리카락을 만지는 행동'을 한다. 목소리 톤도 주목하라. 종종 말을 더듬거나, 의도적으로 명확한 답변을 피하려고 한다.

• 에필로그 •

'지혜로운 악'은 삶의 균형을 잡아준다

J.R.R 톨킨(J. R. R. Tolkien)의 소설을 원작으로 한 영화 〈호빗〉은 〈반지의 제왕〉 이전 시대의 이야기로, 주인공 빌보 배긴스의 모험을 다루고 있다. 샤이어의 '평범한 소시민'이었던 빌보는, 작고 보호받는 호빗족에 겁 많고 소극적인 성격을 지닌 인물이다. 그러던 어느 날, 마법사 간달프의 꾐에 넘어가 '도둑'으로 고용되어 사악한 용 스마우그에게 빼앗긴 드워프 왕국을 되찾으러 모험을 떠나는 것이 주된 줄거리이다.

빌보는 트롤, 고블린, 엘프 등 다양한 종족을 만나고, 거대한 용 스마우그와의 대결을 준비하게 된다. 처음엔 어리둥절하고 실수를 반복하던 빌보였지만, 여러 위기를 겪으면서 자신감을 얻게 되고, 결국 여정의 핵심적 인물로 자리 잡게 된다. 그런데 이 여정을 완수하려면 '도둑'이 되어야만 했다. 이건 이상한 일이다. 왜 착한 사람이 도둑이 되어야 할까?

'선량한 시민'의 상태로는 용을 이길 수 없기 때문이다.

바로 이것이 핵심이다. 자기 '내면의 괴물'을 받아들인 빌보는 이를 훈련하고, 다듬고, 날카롭게 벼려야 했다. 이것은 단순한 판타지의 얘기가 아니다. 현재 우리 삶에도 똑같이 적용된다. 만약 당신이 절대적으로 해를 끼칠 수 없는 사람이라면, 그건 '선한 사람'이 아니라 그저 무력한 사람일 뿐이다. 예컨대 토끼는 착한 게 아니다. 아무것도 못 하니까 그냥 먹히는 존재일 뿐이다. 진짜 선하다는 건, 괴물이 될 수 있음에도 괴물이 되지 않는 것이다. 그런 사람만이 누군가를 지킬 수 있다.

진짜로 악(惡)을 꿰뚫을 수 있으면, '진짜 자신'의 모습으로 살아갈 수 있다.

그렇다면 '악'이 무엇인지, 그것이 나와 어떤 관계가 있는지 생각해 보자. 철학적 관점에서 악은 무조건 '나쁜 것'이 아니다. 철학자 칸트(Immanuel Kant)는 악을 '의지의 타락'이라 정의했고, 니체(Friedrich Nietzsche)는 악에 대해 '약자의 발명품'이라고 말했다. 또한 프로이트(Sigmund Freud)는 악을 충동의 억압에서 비롯된 파괴성으로 봤다. 진화심리학에서는 악을 생존 전략의 목적으로 본다.

그런데 여기서 말하는 악은 '지혜로운 악'이다. 이는 일반적으로 생각하는 본능적 폭력이 아니라, 전략적이고 자기 인식적인 악이다. 즉 내가 지금 악을 선택하고 있다는 자각 아래 실행하는 것이다.

그러면 도덕적으로 정당한 '선'은 악을 이길 수 있을까? 현실은 그렇지 않다.

마키아벨리스트는 도덕적 자아를 연기한다.
사이코패스는 도덕적 죄책감에 무감하다.
나르시시스트는 스스로 도덕적 우월감에 빠진다.

사디스트는 도덕적인 사람들을 조롱하며 학살한다.

악은 '선의 규칙' 바깥에서 움직이기에 선만으로는 악을 통제할 수 없다. 이러한 구조에서는 '더러운 수단'을 쓰되, 더 크고 정의로운 질서를 위해 사용해야 한다. 따라서 '지혜로운 악'은 선을 닮은 악이 아니라, 악을 통제하는 힘을 뜻한다.

이러한 개념은 다음 4가지 원칙으로 정리할 수 있다.

첫째, 동일한 수준의 언어로 싸운다.

: 악의 전략은 논리보다 본능이다. 그러므로 윤리적 논쟁이 아닌, 욕망과 공포를 활용해야 한다.

둘째, 공개적으로 드러내지 않는다.

: 지혜로운 악은 '보이지 않는 칼'이다. 도덕적 정당성을 내세우면, 오히려 조롱당한다.

셋째, 가장 위험할 때, 가장 선하게 행동한다.

: 진짜 위험한 사람은 무기를 감추고 웃는 자다. 이들은 악의 극단을 활용하면서도, 외면은 선을 유지한다.

넷째, 목표는 질서의 회복이어야 한다.

: 이기기 위한 악은 파괴로 끝난다. 그러나 지혜로운 악은 '균형을 되찾기 위해' 필요하다.

우리는 다행히도 전쟁에 직접 나가지 않아도 되는 시대를 살고 있다. 그러나 전사가 사라진 건 아니다. 그 기질은 여전히 어떤 사람들 안에서 불처럼 살아 있다. 문제는 '그 기질을 어떻게 다뤄야 할까?'이다. 당신은 약하게 만들 것인가? 아니면, 단련시킬 것인가?

니체는 "사람들이 도덕이라 부르는 것 대부분은 비겁함이다"라고 말했다. 이 말은 선해서가 아니라, 겁이 나서 금기를 넘지 않는다는 의미다. 그래서 어떤 이는 그 선을 넘는 자에게 도리어 매혹된다. (그러므로 당신도 이 책을 펼쳤다고 생각한다. 맞지 않은가?) 그런데 그런 기질은 어둠으로 흐르기 쉬우며, 통제되지 않은 힘은 파괴가 된다. 그러나 그 힘을 길들일 수 있다면? 그건 전혀 다른 차원의 인간을 만든다.

언젠가 파워 리프팅(Power Lifting) 대회를 보러 간 적이 있다. 그곳에서 한 남자를 보았다. 언뜻 평범해 보이는 그는 사실 스쾃(Squat) 부문에서 여러 기록을 세운 전설이었다. 그의 워밍업(Warming-up)은 단순한 준비가 아니라, 하나의 의식과 같았다. 경기 직전에만 듣는 음악 재생 목록이 있었고, 그는 헤드폰을 낀 채 무대 뒤를 황소처럼 걸었다. (그 외의 순간엔 단 한 곡도 듣지 않았다.)

'잠금 해제'하기 직전의 침묵 상태에서 그는 모든 준비가 완벽히 완료된 야수와 같았다. 그리고 마침내 그가 무대에 올랐을 때 공기 전체가 변했다. 그의 존재에서 나오는 에너지는 폭력적이지 않았지만, 분명 위협적이었다. 그는 자신의 힘을 완벽히 통제하고 있었다.

그는 마치 이렇게 말하고 있는 것 같았다.

"나는 이 힘을 가지고 있다.

언제든 폭발시킬 수 있다.

하지만 지금은, 단지 의식적으로 사용하고 있다."

그건 진정한 힘의 형상이었다. 그 광경은 내게 깨달음을 주었다. 통제된 힘, 정제된 분노, 의도적인 집중. 진짜로 위험한 건 힘을 가지지 못한 남자가 아니다. 힘을 가졌으나, 그것을 다룰 줄 모르는 남자다. 그래서 우리는 약하게 만드는 대신, 강하게 만들고, 그 힘을 통제할 수 있도록 훈련해야 한다. 그 전사의 기질을 부정하지 말고, 그것을 길들여서 인격 속에 통합하는 것. 그게 이상(理想)적인 모습이다.

그렇게 길들여진 힘은 세상을 파괴하지 않고, 지켜낸다. 어떤 위험 앞에서도 무너지지 않는다. 우리가 진정 필요로 하는 건 순한 사람이 아니라, 위험을 통제할 줄 아는 강한 사람이다.

그렇다. 위험을 통제할 줄 모르는 자는 강해질 수 없다. 오히려 나약할수록 기회를 노려 빈틈을 찌른다. 괴물이 될 수 없는 자는 결코 덫에서 빠져나올 수 없다.

그러니 기억하라!

괴물이 될 수 있을 만큼의 힘을 품고,

그 힘을 통제할 수 있을 만큼의 훈련을 하고,

그 힘을 언제 써야 할지 아는 통찰을 가지는 것.

그것이 바로 이 어두운 세상에서 당신이 살아남는

유일한 방법이다.